新版

コミュニケーションのモノサシ

三尾 眞由美 著

良い人間関係を
手に入れる
12
ステップ

同友館

はじめに

気持ちのいい朝。

学校や会社に行く支度をしながら、あなたはどんなことを思いますか？

「今日も1日、楽しくいこう！　頑張ろう！」

とワクワクし始めるか、それとも、

「また1日が始まるなぁ……いやだなぁ」

とため息混じりなのか。そこまで極端でないにしても、何かしらグレーな気持ちを抱いているときも多いのでは。そして、その気持ちのもとをたどっていくと、学校や職場での人間関係が関わっていることがほとんどではないでしょうか。


人との関わりあいがスムーズで楽しいことばかりならよいのですが、そうでないこともあります。

本当は言いたいことがあるのに、

「空気の読めないことを言って、疎まれたくない」

「何も言わないほうが、うまくいくよね」

「黙っていれば誰かと言い合うこともないし」

と、自分の気持ちを伝えられずに口をつぐんでしまった経験はないでしょうか。

確かに意見がぶつからなければ、誰かを傷つけることも、自分が傷つくこともないかもしれません。

でも、口をつぐんでいたときのモヤモヤした感情は、体の中に積み重なっていくと、いつしか大きなストレスとなってしまいます。表面上はとてもうまくいっているように見えたとしても、私にはそれが、とても生き辛い選択をしているように思えてならないのです。


本書を書こうと思ったのは、こうした人間関係で迷ったり悩んだり、苦しい心を抱いている人に、

「もっと自分らしく生きても大丈夫な方法があるよ」

「自分の伝えたいことを表現できたら、もっと楽しいと思わない？」

という、メッセージを伝えたいと考えたからです。


実は、私自身も、かつては人とのコミュニケーションに大いに悩んでいる一人でした。自分なりに「人とはこういうものだ」という「考え」があり、その枠にはまらないような人はとても苦手だったのです。そこで、心の問題に関する様々な理論・療法を学び、まるで誰かの許しを得たように、少しずつ自分自身にかけていた「考え」の呪縛から自分を解放し、穏やかな気持ちで日々を過ごすことができるようになりました。

そして、今では企業や学校で心理についてお話しするようになり、効果検証に基づいたさまざまなプロ

グラムを実施し、独自のカウンセリングシートを使う「ＯＫＳプログラム」も開発しました。

世の中ではよく「沈黙は金」といいますが、私は、人は周りの人とコミュニケーションをとる中で発達・成長・変容するものだと確信しています。互いの気持ちを伝え合い、時には意見をぶつけ合うことで、より人間関係が深まり、人生をもっと面白くしていけるのではないでしょうか。

沈黙は、確かに金。でも、周囲と気持ちを通わせ合う「会話・対話は、ダイヤモンド」。原石が磨かれて光を放ちだすように、人生を輝かせてくれるものだと思います。

本書では、私がこれまで30年間かけて会得してきた人間関係の知識やスキルを、ほんの数時間で学べるようにまとめています。これらを会得していただければ「人との適度な距離」を測れるモノサシを手に入れることができます。人との距離は、踏み込み過ぎれば相手を傷つけるし、遠過ぎれば疎遠な気持ちを抱かせてしまいます。それもその時その場で距離感が変わってくるとなれば、どうしようかとモヤモヤしてきませんか。そのような今まで抱えていたモヤモヤした感情が、この12のステップを読み進めていくうちに、まるで12のステップを読み進めていくうちに、今まで抱えていたモヤモヤした感情も、まるで霧が晴れていくように爽やかになっていくことを実感していただけるのではないでしょうか。

さあ、いよいよ、スタートです。

新しい自分、新しい人間関係をイメージして、ワクワクしながら本書のページを開きましょう。

〈本書の読み方〉

本書の12のステップは、次のように大きく3つの構成で成り立っています。

そして、一つずつステップを上がりながら、より良い人間関係を築くコツを学んでいくことができます。

人間関係
について
考えてみよう

人間関係を
作る知識を学び
スキルを磨こう

より実践的な
コミュニケーション
の知識やスキルを
使ってみよう

1 人は一人では生きられない

2 自分ってなんだろう?
私が本当に伝えたいことは?

3 相手の気持ちを受け
止めるってどういうこと?

4 相手の気持ちを
受け止めるテクニック

5 爽やかな自己表現
をしよう

6 うまくいかない時は、
「考え」を変えてみる

7 苦しい心をどう癒そうか

8 問題の解決のヒントは
未来にもあるぞ!

9 職場でのストレスや怒り
をコントロール

10 ストーリーで
シミュレーションしよう

11 相手の気持ちを動かす
テクニックもある

12 魔法の言葉で
ハッピーに!

目次

第4章　相手を受け止める「傾聴」のテクニック　87

第5章　爽やかな人間関係を目指すアサーション　109

第1章

人は人と関わりあって生きている

1-1 昔は〝仙人〟、今は〝ぼっち〟に憧れる？

「あぁ、仙人のように暮らしたい」

今のシニア世代ならば、一度くらい心の中でつぶやいたことがあるのではないでしょうか。

学校を卒業し、これから社会に出るか出ないかというとき、世の中のしがらみに揉まれるよりも、仙人のように自分ひとりで気ままに、自由に生きていきたい。そんな仙人願望を抱いた人が周りによく見受けられました。時代はバブル、今思えば恵まれた環境から湧き出た贅沢な悩みだったかもしれません。

ところが、現在の環境でも同じような願望を持っている人はいます。

さすがに〝仙人〟という言葉は使いませんが、「ひとりがよい」「ひとりが気楽」といった、ひとりぼっちで暮らす、今風にいえば〝ぼっち〟をよしとする人は増えていると思います。〝おひとりさま〟という言葉も、かなり違和感なく受け取られるようになってきました。

良くも悪くも、現代社会はどこにいても情報を得ることができ、誰にも会わず暮らすことも、割と簡単にできてしまいます。日常の生活用品でさえ、インターネットで注文して、宅配ボックスに置いてもらえば、誰にも会わずに品物を手に入れることができるのです。

あなたの〝ぼっち〟化は進んでいないでしょうか。図表1-1のリストをチェックしてみましょう。そして、その結果を友だちとシェアしてみましょう。

図表1−1：“ぼっち”度チェックリスト

次のようなシチュエーションで、あなたは抵抗なく“ぼっち”行動をしますか？

□ひとりでカフェに入る
□ひとりでハンバーガーショップに入る
□ひとりでファミリーレストランに入る
□ひとりで牛丼店に入る
□ひとりで蕎麦屋・ラーメン屋に入る
□ひとりで寿司店（回転寿司）に入る
□ひとりで焼肉店に入る
□ひとりでバーに入る
□ひとりで居酒屋に入る
□ひとりで高級レストランに入る
□ひとりで食べ放題の店に入る
□出前で一人前だけ注文する

□ひとりでスーパーやコンビニで買い物をする
□ひとりで百貨店や専門店で洋服などの買い物をする
□ひとりでスポーツジムなどに通う
□ひとりで習いごとの教室に通う
□ひとりで映画館に出かける
□ひとりでライブやコンサートに出かける
□ひとりで美術館や博物館に出かける
□ひとりで動物園や水族館に出かける
□ひとりで遊園地やプールに出かける
□ひとりでカラオケに行く

□ひとりで日帰り旅行をする
□ひとりで1泊以上の国内旅行をする
□ひとりで海外旅行をする
□ひとりで温泉やスーパー銭湯に行く
□ひとりでビジネスホテルに泊まる
□ひとりで旅館に泊まる

当てはまる数が多いほど、あなたの“ぼっち”度は高いといえそうですね！

もちろん、ひとりで何かをすることが悪いわけではありません。私も宅配便を利用しますし、ひとりで食事もします。誰にも気を使わず、ひとりで過ごしたいと思うことがよくあります。

ただ、その一方で、ひとりでいたいといつでも思っているわけではありません。一歩外に出ればたくさんの人たちと接点を持ちますし、友だちと誘いあって遊びにも行きます。

というのは、**人と過ごすほうが楽しいときはたくさんありますし**、何よりも、**人は人間関係をとおして発達・成長・変容していく**ものだと思っているからです。

〝ぼっち〟でいたり、仲間といたり、その時々で楽しく過ごせればよいのですが、世の中には、人と一緒にいると疲れる、ストレスが溜まるなどと、ついつい〝ぼっち〟に流されている人が増えてはいないでしょうか。

今の社会状況は、人の発達・成長・変容にさまざまな問題を生みだしています。その原因は多様で、一つの要因だけで語ることはできませんが、大きな要因として考えられるのは、「他者（自分以外の人）」と共に過ごし、協力・協働することの必要性や、その楽しさを学んでいく機会や経験がどんどん少なくなっていることです。

私たちは、乳・幼児のときには養育者との生活をとおして、また、学校時代は友だちとの生活をとおして、さまざまな迷いや葛藤を乗り越えながら、自我（自分の考える自分のこと）を形成し、「自分と他者」

という、人として存在する基本である人間関係を学びとっていきます。

ところが、少子化により兄弟姉妹、友だちの数が減り、けんか・仲直りなどのトラブルを解決する経験が減少し、兄弟愛、友情やソーシャルスキルなどを育む機会が減少しています。インターネットや電子ゲーム、携帯電話の発達による生活の変化が、子どもたちから友だちとフェーストゥフェースで遊ぶ時間をうばっています。このほか、空き地や河川敷といった想像力を自由に働かすことのできる場が姿を消している状況など、子どもの暮らしと成長を深いところでおびやかす要因は、ごく身近にたくさんあるのです。

このように、人づきあいを学び、身につける機会が少ないまま大人になっていくことが、人間関係への不安や葛藤が少なくてすむ〝ぼっち〟に憧れる傾向を高めているのではないでしょうか。

1-2 人はひとりでは生きられない

〝ぼっち〟がよいといっても、本当にそれは可能でしょうか？ 自分の生活を振り返ってみてください。自宅では家族、学校では先生や友だち、職場では上司や同僚などと接しています。

さらに言えば、カフェやレストランに行けば接客の人と、スーパーやコンビニで買い物をすればお店の店員さんと瞬間的であっても関わりができます。

つまり普段、私たちは、**自分が意図して相手を選んだか、選んでいないかにかかわらず、他者との関係の中で生きています。**短期的にはひとりも可能でしょうが、長期的にみると（よほどの財産がある人を除いて）無理なのです。

しかも、他者との人間関係は私たちが人として発達・成長・変容していく機会になることがポイントです。

例えば、Aさんが友だちBさんと旅行プランを立てているとき、Aさんは「海水浴に行きたい」と思っていたのに、Bさんは「キャンプがしたい」と言い出しました（図表1－2）。

お互いの希望を主張し合えば、当然話し合いは揉めるでしょう。もしかすると喧嘩になってしまうかもしれません。

ですが、ここでAさんが「お互いに納得できる旅行は本当にできないのか」とか「妥協できる部分はないのか」などと考え、プランを練り直したり、Bさんと交渉したりすることで、Aさんの人間性は発達・成長・変容していくはずです。

他者との関わり合いを避け、不登校や引きこもりのような状態で過ごしていると（やむを得ない事情のある人もいますが）、人間関係の中で得られる発達・成長・変容の機会を逃してしまいます。それは本当に惜しいことです。

図表1―2：人間関係の中で人は発達・成長・変容するもの

私は海がいいのに
勝手に決めてるなぁ
絶対キャンプがいい！
場所も、もう探したよ！
Aさん
Bさん
海の近くのキャンプ
場にしようよ！
いいね。海水浴も
できて楽しそう！

©2020 Ātman Counseling Room

さらに言えば、他者との関係はもっと人としての根本的な部分にもかかわっています。

ずいぶん深刻な例ですが、皆さんは『狼に育てられた子』（シング，J．A．L（Singh, J. A. L.）著、中野善達・清水知子 訳）という物語を読んだことがあるでしょうか。インドの奥地で狼に育てられたとされる二人の少女、アマラとカマラのお話です。彼女たちは、発見当初は四つ足で歩行し、生肉を食べ、夜間に行動し、そして言葉を話しませんでした。

現在、このお話の信ぴょう性を疑問視する向きはあるものの、その他の野生児（獣に育てられる など、人間社会から隔離されて育てられた子ども）の事例についても、同じような特徴が語られています。

医師のイタール，J．M．G．（Itard, J. M. G.）は、野生児の少年を引き取り教育しましたが、今でいう定型発達を望むことはできなかったと述べています。彼はその原因として、野生児の少年には、他の子どものように幼少期に体験から学ぶ機会が得られなかったからと考えました。

野生児のように、人と触れ合うことができずにいると、「ヒト」として生まれたにもかかわらず「人」になることが難しくなってしまいます。私たちが人として生きていくには、他者が必要なのです。

まずは、私たちが人間関係の中で生きていること、ひとりでは生きていくことはできないことをきちんと認識しましょう。

それが、あなたの発達・成長・変容の出発点になります。

1-3 人にダメージを与えるのも人？

「人間関係をとおして人は発達・成長・変容する？　そう言われても、辛いことばかりだけど……」という意見もあるかもしれません。

実際に、学校でも職場でも、現代社会は人間関係に悩む人が本当にたくさんいます。

例えば学校を卒業して社会に出ると、これまでに経験のないような人間関係に直面します。残念ながら、職場でのセクシャルハラスメント、パワーハラスメント、モラルハラスメントなどのニュースや記事を見ることも、珍しいことではなくなりました。その他にも個性的な上司や同僚に振り回されて疲れてしまうなど、**人間関係に起因するストレスは日常生活の至るところに潜んでいます。**

ストレスについては、第9章で詳しく説明しますが、人は過剰な人間関係ストレスに囲まれると、心身の健やかさを保ちにくくなります。結果、極度の不安やうつ症状に襲われて会社に通えなくなる人や、時には、自らの命を断つまでに追い込まれてしまう場合もあります。

次の図表1－3は、仕事や職業生活に関して強い不安、悩み、ストレスだと感じる事柄を調べたものです。少し前のデータになりますが、現在でも職場での人間関係は、依然として**ストレスの大きな要因になっています。**一方、図表1－4からは、職場でのコミュニケーション機会の減少と、「心の病」の増加には、何かつながりのあることが見てとれます。

人として生きていくための土台となる人間関係について、学ぶべきことはたくさんあります。本書で人の気持ちが生まれるプロセスやコミュニケーションのテクニックを学び、身につけていきましょう。

図表1−3：仕事や職業生活に関する不安・悩み・ストレスの内容

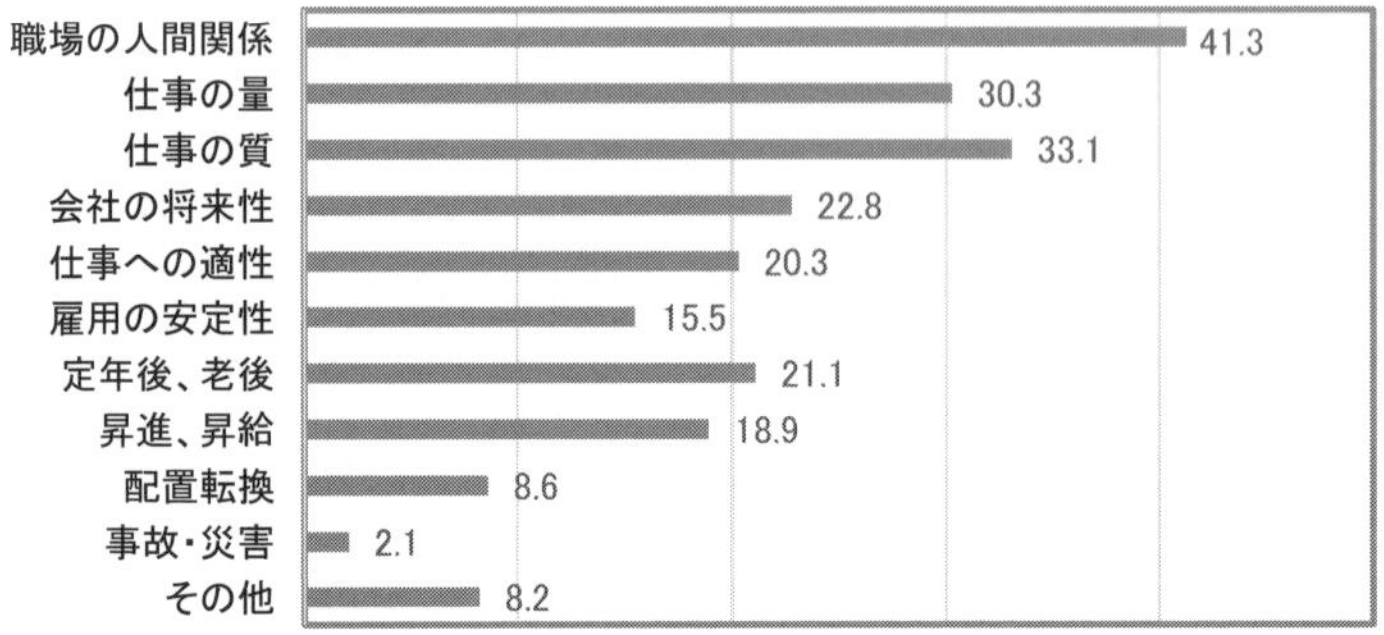
職場の人間関係 41.3
仕事の量 30.3
仕事の質 33.1
会社の将来性 22.8
仕事への適性 20.3
雇用の安定性 15.5
定年後、老後 21.1
昇進、昇給 18.9
配置転換 8.6
事故・災害 2.1
その他 8.2

厚生労働省 「労働安全衛生特別調査（労働者健康状況調査）」（2012）

図表1−4：「心の病」が増加傾向の組織では、従業員が孤立した状況が進んでいるとする回答が多い

個人で仕事をする機会が増えた

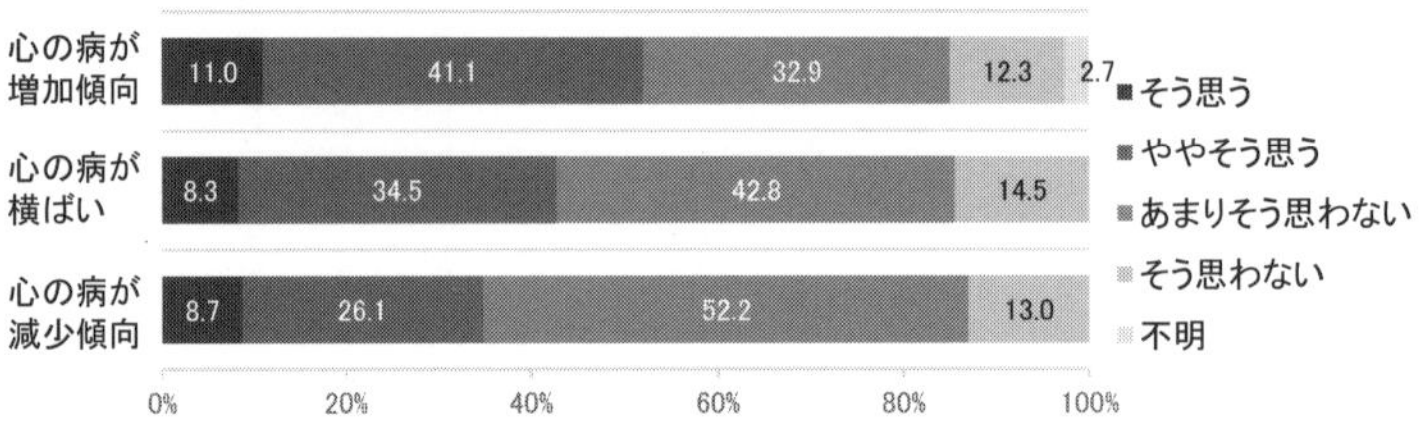
心の病が増加傾向 11.0 41.1 32.9 12.3 2.7
心の病が横ばい 8.3 34.5 42.8 14.5
心の病が減少傾向 8.7 26.1 52.2 13.0
0% 20% 40% 60% 80% 100%
そう思う
ややそう思う
あまりそう思わない
そう思わない
不明

職場でのコミュニケーションの機会が減った

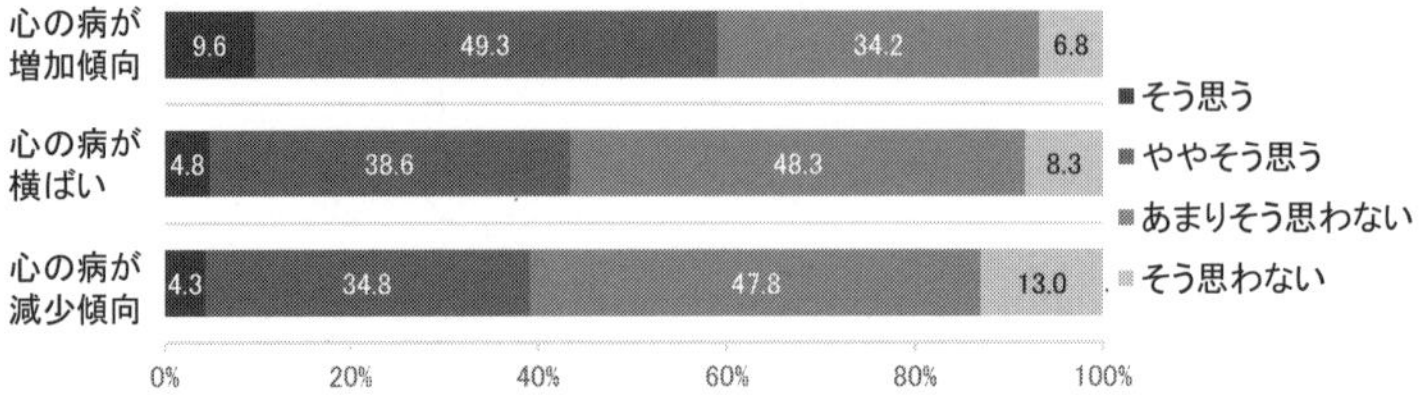
心の病が増加傾向 9.6 49.3 34.2 6.8
心の病が横ばい 4.8 38.6 48.3 8.3
心の病が減少傾向 4.3 34.8 47.8 13.0
0% 20% 40% 60% 80% 100%
そう思う
ややそう思う
あまりそう思わない
そう思わない

公益財団法人日本生産性本部 メンタルヘルス研究所
「メンタルヘルスの取り組み」に関する企業アンケート調査結果（2014）をもとに著者作成

1-4 人間関係で困ったときに使える、原因と結果に対する二つの捉え方

人間関係の中で悩み、辛い、苦しいと感じることがあるかもしれませんが、それでも人は「他者」との関わりの中で発達・成長・変容するものです。

苦しんでいて、すぐにでも解決したいと思っている人の目の前の状況を変えるのは難しいですが、**人間関係の捉え方を少し変えてみると、同じ状況でも苦しみを軽くすることはできます。**

本章の最後に、心理学の家族療法でよく使われている、人間関係の捉え方についてお話しします。

私たちの社会は、人と人がつながり合い、影響し合い成り立っています。その関わり方はとても有機的で、時には複雑な事情が絡んでいる場合もあります。

人間関係のストレスがどのようにして生まれるのか、他者からの影響がどのようにして及んでいくのか、その捉え方は大きく二つあります。

① 直線的因果律

「直線的因果律」は、ある人物の行動が原因となって結果が生ずるという、非常に直接的な捉え方です。

例えば、普段は仲の良い同級生のCさんとDさんが口論となり、

Cさんが Dさんに、ひどいことを言った（＝原因）

↓

Dさんはショックで翌日学校に行かなかった（＝結果）

というような捉え方です。

② 循環的（円環的）因果律

皆さんは「風が吹けば桶屋が儲かる」ということわざをご存じでしょうか？

一見関係のないような事柄が、巡り巡って思いがけないところに影響を与えるときの例えとしてよく使われます。「円環的因果律」は、これととてもよく似ています。

図表1－5を見るとわかりやすいのですが、aの行動（＝原因）がbに影響を与え（＝結果）、bの行動（＝原因）が、別のcに影響を与える（＝結果）というように、事象が連なったり、相互に作用したりすることで、結果的にaの行動と直接的に結びつかないようなところにまで影響を及ぼし、やがて連続して円環をなし、はじめのaに戻ると捉えるのです。

先ほどの「Cさんがひどいことを言った（＝原因）」から「Dさんは翌日学校に行かなかった（＝結果）」というシーンも、この円環的因果律で捉えてみると、見え方が違ってきます。

Cさんが Dさんにひどいことを言ってしまった背景にも目を向けてみるのです。

図表1−5：直接的因果律と円環的（循環的）因果律

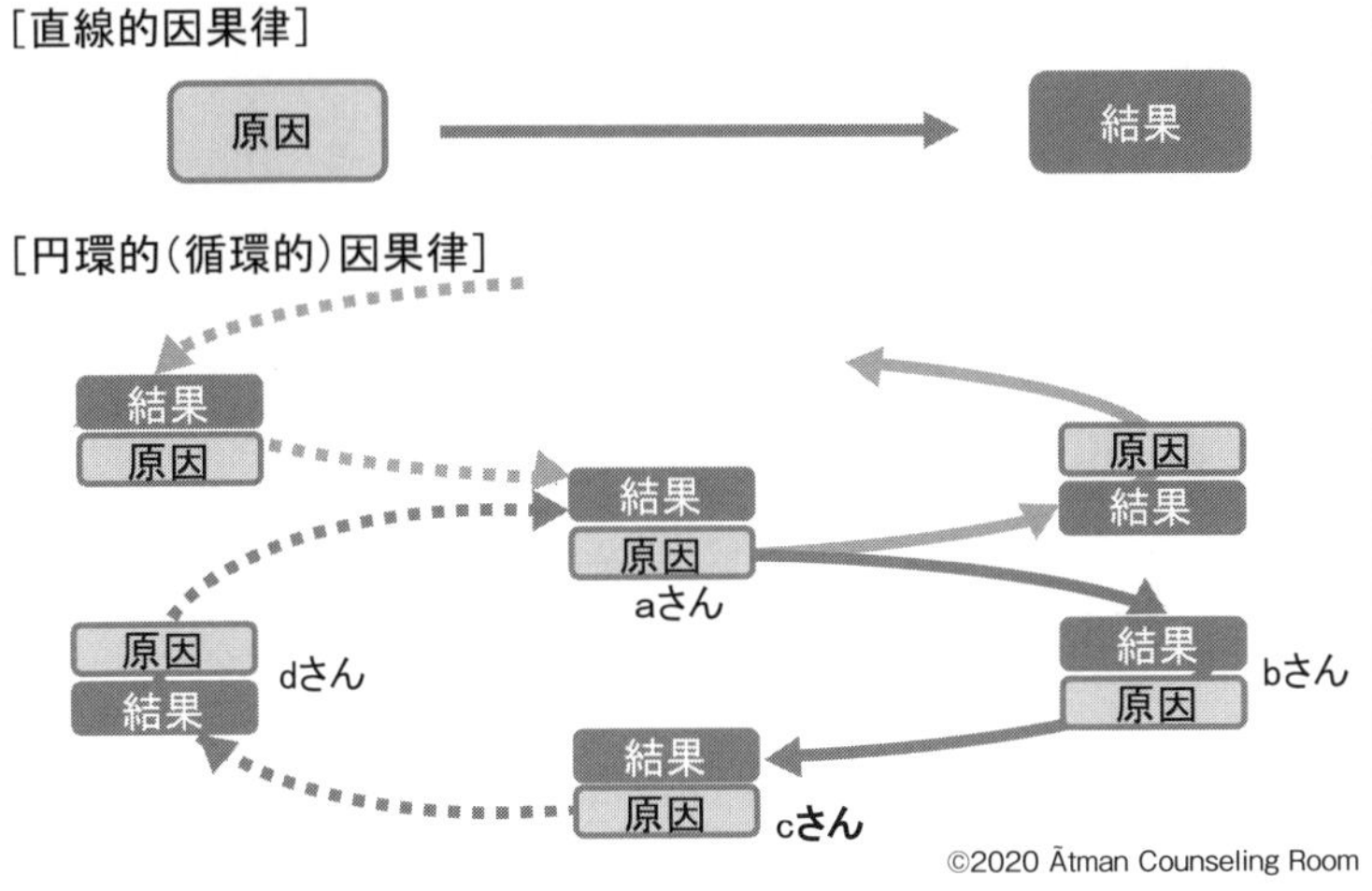
[直線的因果律]
原因
結果
[円環的（循環的）因果律]
結果
原因
結果
原因
aさん
原因
結果
原因
dさん
結果
結果
原因
bさん
結果
原因
cさん
©2020 Ātman Counseling Room

実は、Cさんの両親が不仲である（原因）

←その日の朝、Cさんの両親は大げんかをした（結果＝原因）

←機嫌の悪い母親は、Cさんに八つ当たりしてしまった（結果＝原因）

←Cさんは、イライラしながら登校。Dさんと口論となり、朝から自分の中に抑えていたものが吹き出して、Dさんにひどいことを言った（結果＝原因）

←Dさんはショックで翌日学校に行かなかった（結果）

いかがでしょうか。CさんとDさんが口論するまでにも、さまざまな理由や背景があったのです。もちろんCさんの両親が不仲になったことにも、そこに至るストーリーがあったことはおわかりいただけるでしょう。

円環的因果律では、目の前に起こっている事象は、実はさまざまな事象が広く複雑に絡み合って生じたものだと捉えるのです。

一見すると、直線的因果律のほうが単純明快に見えるでしょう。例えるなら、悪い腫瘍を特定し、それを切り取る外科手術のようなものです。とてもわかりやすく科学的な方法のようですが、直接の原因がわからなかったり、原因は明らかでも、手が出せないほど大きくて手ごわいと感じる場合もあります。理論上はうまくいっても、実際はなかなかそのとおりにならないことも多いのです。

一方、円環的因果律は、大掛かりな対処法を考えるのではなく、できることからやっていこうというときにとても役に立ちます。言動や行動の一つひとつがものごとに影響を及ぼしていると捉え、何かが変わればその後の展開も変わると捉えます。

難点といえば、なぜうまくいったのかがわかりにくいことですが、何度か問題解決に使っているうちに、できるところからやればよいのだという確信が心の中に生まれてきます。

先ほどのCさんとDさんの口論につながった背景を例に考えてみましょう。

「Cさんの両親が不仲（原因）」で「喧嘩が絶えない（結果）」ことを直線的因果律で捉えれば、Cさんに解決する術はありません。「なんでうちの親は仲が悪いんだろう」「なんでこの家に生まれてきたんだろう」と、一人で抱えるには大きすぎる問題になります。

しかし、これも円環的因果律で捉えると、できることは何か見つけられるはずです。

例えば、Cさんが「家の中ではできるだけ笑顔でいよう」と心掛けることで、両親のCさんに対する態度が変わるかもしれません。また、家の中の雰囲気が少し明るくなれば、両親の気持ちが穏やかになり、お互いへの思いに何か変化が現れることで、その影響を受け、Cさんの言動が穏やかになっていく可能性があります。

職場や学校でものごとがうまくいかないことがあっても、「自分なんて、何をやってもダメ」「やるだけ無駄なのかも」と諦めてしまう前に、ぜひ、この円環的因果律で状況を捉え直してみてください。**あなたの一挙手一投足が全てに影響を及ぼすとしたら、何もしないより行動を起こしたほうが、状況を好転させるチャンスはあるはず**です。

些細なことでも、できることから前向きに取り組んでみましょう。

とは言え、短い時間で見ていると、悪化したように見えて「へたに何かするより何もしない方が良かった」と思えることがあるかもしれません。そう言う時は、もう少し長い目で眺めてみてください。

第2章

自分を知り、自分を受け入れるということ

2-1 どうして人間関係がうまくいかないの？

人は人間関係の中で発達・成長・変容していくものですが、同時にその人間関係の中で、悩んだり苦しんだり、バーンアウト（ストレスの結果生じるストレス反応の一つ。焼えつき症候群）してしまうこともあります。

人間関係は文字どおり人と人との関係です。どんな場所でも、相手が誰でも、二人以上の人がいれば、そこに関係が生まれます。

人間関係は、一方的に相手を知っているだけでは成り立ちません。お互いにやりとりをして、初めて成立するものです。そして、その関係がうまくいくときもあれば、うまくいかないときもあります。

人間関係がうまくいかないときというのは、自分のこと、相手のことをきちんと**理解しよう**としていないときではないでしょうか。

もちろん、自分のことにしろ、相手のことにしろ、完璧にきちんと理解することなどできるはずもありません。しかし、**しようと努力し続けている**態度が大事なのです。

そして、「自分が本当に伝えたかったことは、このことなのか」「相手の伝えたいことは、これなのか」を、自分自身で捉えようと努力し続ける必要があります。まずは、「自分が本当に伝えたかったことは、これなのか」について考えてみましょう。

意外に思うかもしれませんが、

自分が「伝えたかったこと」と、他者がそれをどう捉えるかは、必ずしも一致しません。それどころか、さまざまな捉え方・考え方があるのです。

一つ身近な例を紹介しましょう。

Eさんは友だち４人とランチに行きました。

会計を割り勘にしたらひとり当たりの金額が８１５円となったため、Eさんは、「一人８１５円だけど、５円はいらないから」とみんなに伝え、自分だけ25円（５円×５人分）多く払うことにしました。

Eさん自身は、「端数を負担する私は、ちょっと気前がよいかも。みんなも、そう思ってくれるかな」と期待していますが、実際はEさんの期待どおりとは限りません。

ある友だちは「金額をパッと計算してまとめて払ってくれるEさんは、しっかり者だな」と感じているかもしれないし、また別の友だちは「自分だけ多く負担するなんて、Eさんってお人好しだな」と思うかもしれません。もしかすると「私なら端数の15円は結構ですというのに。Eさんは意外とガッチリしているんだな」と、気前がよいどころか、Eさんとは全く反対の考えを持つ人もいるかもしれません。

このように捉え方の異なる自分と他者をどう理解していけばよいのでしょうか。まずは「自分」について見ていきましょう。

2-2 「自分」の中の自分と「他者」が見ている自分

それでは、皆さんに質問です。

あなたは、「自分」のことをどんな人だと思っていますか。

心理学者であり社会哲学者でもあったジェームズ，W.（James, W.）は、「自分」を**「主我（I）」**と**「客我（ME）」**という二つの構造に分類して説明しています。

主我は、「自分」の中にいる自分、客我は、「他者」から見られている自分のことを表しています。そして、「他者」からの見え方によって自分を捉えることを「自己認知」、一般的には「自己概念」といいます。この概念は、社会心理学や社会哲学と呼ばれる分野でも論じられています。

わかりやすい例でお話しすると、職場のミーティングに初めて参加したFさんは、先輩から「Fさんは、とても元気で明るい人です」と皆に紹介されました。

Fさんは、自分では「シャイで引っ込み思案」なほうだと思っていたのですが、先輩の目からは「元気で明るい」と見られているとわかると、今までもそう言われたことがあった経験を思い出し、前意識（意識と無意識の間にある、ちょっとしたきっかけで思い出すことのできる心の領域）が刺激され、自己紹介では物怖じすることなく、明るくフレンドリーに挨拶するようにしました。

図表2−1：自分を構成する主我と客我、自己概念の関係

・自分自身の捉えている自分：主我

私、シャイで引っ込み思案だからなぁ…
みんなの前で挨拶するのは苦手だな…
Fさん

・他者から見られている自分：客我

そういえば、今までもそう言われたことがあったな
Fさんは、とっても明るい人なんですよ
先輩

・他者に見られている自分から自分を捉える：自己概念

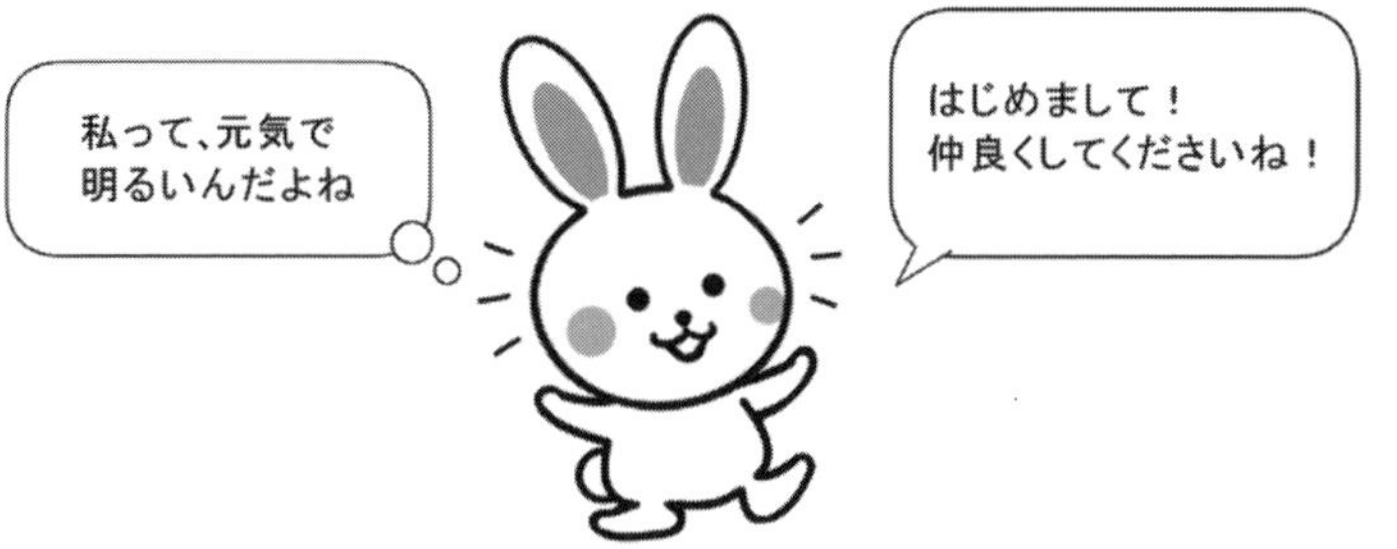
私って、元気で明るいんだよね
はじめまして！仲良くしてくださいね！

このFさん自身が思っている「シャイで引っ込み思案な自分」がジェームズのいうところの「主我」、先輩に紹介されたような「元気で明るい自分」が「客我」、そして「私って、元気で明るい人間なんだ」と、捉える概念が「自己概念」です。

自己概念の捉え方は、「明るい」とか「シャイ」といった性格的な側面だけではなく、次のように大きく三つに分けることができます。

一つ目は、「背が高い・背が低い」や「いつもお気に入りのブランドの服を着ている」など、自分の体型やファッション、資産など、自分に関わる物質から捉える**「物質的自己」**。

二つ目は、「いつも冷静でクールな人」「頼りになる上司」など周囲の人が自分に対して持っているイメージや評価、認識から捉える**「社会的自己」**。

そして、最後に「つねにポジティブ」とか「くよくよしやすい」などの性格や価値観、自分の意識などから捉える**「精神的自己」**です。

私たちは図表2－2ように、さまざまな方向から「他者」の捉える「自分」を手がかりに、自己概念を作り上げているのです。

自分のことをどんなにわかっていると思っていても、自分で自分の顔や全身を直接見ることはできません。鏡を見てはじめてお化粧をしたり、全身の服装を整えたりすることができるのです。

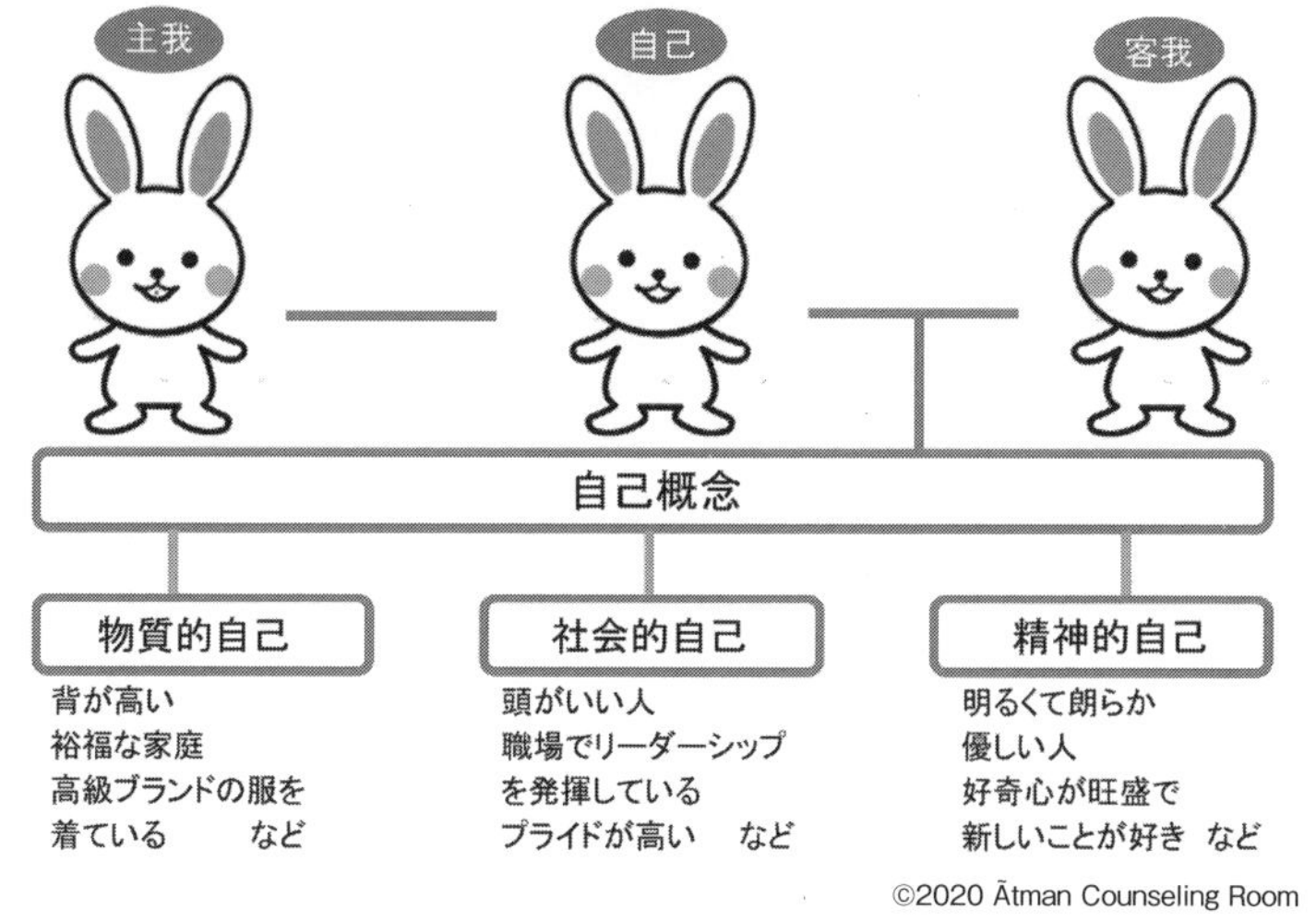
主我
自己
客我
自己概念
物質的自己
背が高い
裕福な家庭
高級ブランドの服を
着ている　など
社会的自己
頭がいい人
職場でリーダーシップ
を発揮している
プライドが高い　など
精神的自己
明るくて朗らか
優しい人
好奇心が旺盛で
新しいことが好き　など
©2020 Ātman Counseling Room

図表2−2：ジェームズ「自己の構造」のイメージ

社会学者のクーリー，C．H．（Cooley, C. H.）の言葉を借りれば、他者をとおして自分を捉えることは、まさに「鏡に映った自己」なのです。

自分がどういう人間であるかは、**周囲の人を鏡として、そこに映るものから知る**ことになります。このことからも、人が人間関係の中で発達・成長・変容するものだとわかります。

コラム　東西「自分の捉え方」比べ

ここで一つ、興味深い研究結果を紹介しましょう。

「自分がどんな人間なのか」という自己概念は、周囲の人たちが持つイメージに左右されます。つまり、自分の捉え方は、その人が暮らしている社会環境や文化によっても違いが出てきます。

心理学者のマーカス，H．R．（Markus, H. R.）と北山（Kitayama, S.）によると、欧米の文化圏と東アジアの文化圏を比較すると、自分の捉え方に明らかな違いがあるといいます。

欧米文化圏では、人は一人ひとりが独立して存在するものと定義されるため、その考え方や行動は、周囲にかかわりなく成り立っていると考えます（**相互独立的自己観**）。

一方、日本や中国などの東アジアでは、人は周囲の人たちとの関わりの中で存在するものと考えられています（**相互協調的自己観**）。

この違いを紹介するためによく用いられるのが、主語の表現方法の違いです。

聞いたことがあるかもしれませんが、英語で自分を表す言葉は、基本的には「I」のみです。相手が目上の人であっても、そうでなくても表現は変わりません。

一方、日本語は、相手との関係やその場の雰囲気に合わせて、自分のことを「私」と言ったり、「俺・僕」と言ったり、時にはもっとくだけて「おいら」とか「おら」「わし」という言葉を使う人もいます。

また、言葉の使い方自体にも、その違いは表れています。

日本では言葉に頼らず相手を〝察する〟ことや、言葉を使わない〝阿吽の呼吸〟のようなコミュニケーションが尊重されています。

その一方、欧米文化圏は聖書のヨハネによる福音書の第一章は「まず言葉ありき」と始まり、言葉でのやりとりを重視します。

普段意識せずに使っている言葉も、視点を変えて見直すと、なるほどという面白い発見があるものです。

2－3 「ジョハリの窓」で自己分析してみよう

自分を捉えるツールとして、「ジョハリの窓」を紹介しましょう。とても有名なモデルですから、皆さんも一度は見たことがあるかもしれません。

「ジョハリの窓」は、心理学者のジョセフ・ルフト（Luft, J.）とハリー・インガム（Ingham, H.）によって考案された、自己分析の概念をモデル化したものです。この図表2－3の見方を知っておくと、人とコミュニケーションを図る上で自分をどのように見せているのか、今の自分を知る手がかりになります。

図表2–3：ジョハリの窓

	自分は知っている	自分は気づいていない
他人は知っている	A 開放の窓 （オープンな領域）	B 盲点の窓 （自己盲点の領域）
他人は気づいていない	C 秘密の窓 （秘密の領域）	D 未知の窓 （未知の領域）

Luft,J.&Ingham,H.(1955)をもとに著者作成

「ジョハリの窓」では、自分のことを次の4つの区分（窓）に分けて考えていきます。そして、区分がどのような割合になるかは、人によってさまざまで、同じ人であっても、時や状況によって各区分の大きさは変化します。

A…自分も他者も知っている自分

自分の性格、思考や能力を周囲に表現し、周囲もそれを知っている「オープン」な領域です。

人との円滑なコミュニケーションを図っていくには、このAの窓を大きくしていくことが重要です。

「私は、こういうことが好き・嫌い」「私はそう思う・思わない」あるいは「私はこれができる・できない」といった自分のことを伝えることで、他者は「この人はこういう人なんだ」という理解を深めていくことができます。

自分が心を閉ざしていては、他者も心を開いてはくれません。心を開いて自分からコミュニケーションしていきたいと表現することが大切です。

この後の〈ワーク〉（2‐4）で「ジョハリの窓」を作成したら、ぜひ、このAの窓を大きくしていくにはどうすればよいか、考えてみてください。


B…自分は気づいていないが、他者は知っている自分

自分では気づいていないが、他者には見えてしまっている、「自己盲点の領域」です。

この部分は自分ではわからないので、周りの人の声を聴く必要があります。

「ジョハリの窓」を作成する際も、ここは他者に記入してもらいます。


C…他者は気づいていないが、自分は知っている自分

心の中では思っていても、意識的に他者に知られないようにしている「秘密の領域」です。

本当はすでに秘密にしておく必要のないことまで、抱えている場合があります。

一度自分の秘密の棚卸をして、少し勇気を出して友だちに言ってみてはどうでしょうか。

D…自分も他者も気づいていない自分

自分も足を踏み入れたことがない、「未知の可能性を秘めた領域」です。

無意識の領域であるため、自分でコントロールすることはできません。Aのオープンな領域を増やすことでDの領域が自然と減少します。

「ジョハリの窓」は、「自分」と「他者」の両方の視点から分析するため、一人では完成しません。友だちに声をかけ、仲間とお互いの分析を行います。

2-4 「ジョハリの窓」は変えられる

「ジョハリの窓」の4つの区分が占める割合は流動的で、その時々で変わります。

例えば、あまり自分の意見を言わない人はAのオープンな領域が狭く、Cの秘密の領域、Dの未知の領域が広くなります。ですが、「Aを大きくしよう」という目標を立て、意識的に自分のことを知らせようとするとAの領域が広がり、代わりにC、Dの領域が狭くなります。

さらに言えば、他者とのコミュニケーションを重ねる中で、これまで気づかなかった新たな一面も見えてくるかもしれません。するとBやDの領域にも変化が現れるでしょう。

自己分析では、一般的には**Aの領域を広げるためにBの領域で他者から自己盲点を教えてもらい、Cの領域で自分が秘密にしてきたことを伝え、その結果Dの領域を狭めていくことが望ましい**と考えられてい

図表2−4：「ジョハリの窓」は変えられる！

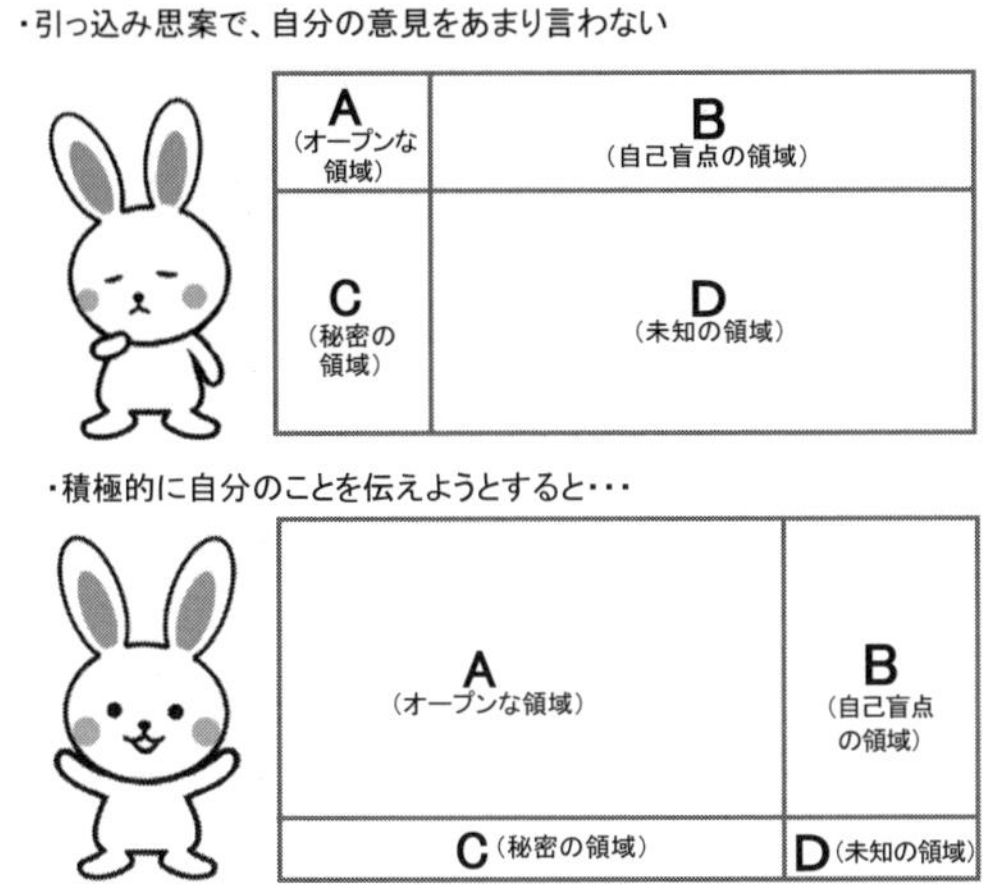
・引っ込み思案で、自分の意見をあまり言わない
A
（オープンな領域）
B
（自己盲点の領域）
C
（秘密の領域）
D
（未知の領域）
・積極的に自分のことを伝えようとすると・・・
A
（オープンな領域）
B
（自己盲点の領域）
C（秘密の領域）
D（未知の領域）

オープンな領域が増え、未知の領域から新たな自分が発掘される可能性も！

Luft, J.&Ingham, H.（1955）をもとに著者作成

ます。

表に出る部分が増えるということは、自分で「これが自分だ」と認める部分が多くなるということです。

「嫌われないために、いい子でいなければ」と、自分の中に溜め込むよりも、積極的に自分のことを伝えていくほうが、精神的に安定します。できるだけオープンに表現していきましょう。

さらに注目したいのは、Aの領域が広がると、Dの領域が狭まっていくことです。**自分も周囲も気づいていない未知の部分は、ある意味宝の山**です。一つひとつ宝箱を開け、自分の中にある可能性を見つける冒険を想像すると、ワクワクと楽しい気分になってきませんか。

〈ワーク〉ジョハリの窓を作成してみよう

①まず、図表2－3のように四分割された紙を用意します。

②知っている相手と2人1組になります。

③お互い何も記入されていないシートを交換して、自己盲点の窓Bに相手の印象を箇条書きで書きます。

④次に、普段自分がみんなに見せていると思っている性格を、箇条書きでオープンの窓Aに書きます。

⑤次に、今では秘密にする必要のなくなったものを探して、秘密の窓Cに少しだけ勇気を出して箇条書きで書きます。秘密を打ち明けるのが目的ではなく、「昔、子どものときは秘密だったけれど、今なら平気で話せること」の存在に気づくことが大事です。成長した分、子どものときと秘密の重さが違ってきているはずです。

⑥このワークをしていて、未知の窓Dに書きたいものが思い浮かんだら、箇条書きで書きます。

⑦全て書き終えたら、相手とシートを使って話し合います。シートを見せ合うかどうかは自分の意思で決めてください。その話し合い中に、気になったことや気づいたことがあれば、それぞれの窓に箇条書きに書きます。

〈振り返り〉

実際に書き出してみることで、自分自身がどう自分を見ているのか、他者が自分をどう見ているのかがより客観的にわかります。Bは、特に普段聴くチャンスが少ない相手からの印象を知ることができ、「あまりうまく自分を伝えられていない」とか「気づかなかったけれど、私にはこんな一面もあるんだ」とか、さまざまな気づきが得られたのではないでしょうか。

また、いきなりDに書きたいことが閃いた人もいるでしょう。それは、宝の山に出くわしたようなものです。勇気を持って、自己探索してみましょう。

2-5 自分の価値をどう決めるのか

私たちは「自分はこういう人間だ」という自己概念を持ちながら、そんな自分をどのように評価しているでしょうか。

自分の行動や態度を評価することを**自己評価**といいます。

皆さんも「こんなことができる私はすごい」とか、反対に「こんな私はだめだ」と思うことがあるでしょう。それが自己評価をしているということです。

実は、全く同じ仕事をしていても、それを「すごい」と思う人と「だめだ」と思う人がいます。

このように書くと、「だめだ」と思うより「すごい」と思うほうがよさそうですが、自己評価は高すぎても低すぎても問題があります。

自己評価が高い人には、自分に自信があり、「自分ならできる」と高い向上心を持つ人が多いのですが、それがいき過ぎると、周りの人を見下すような態度をとったり、助言を軽んじたりする姿勢が見られます。さらには自分の力を過信するあまり失敗を受け入れられず、他への原因転嫁を繰り返して周囲から疎まれるような事態を招くことがあります。

一方、自己評価が低い人は、自分に対して否定的な考え方をしがちです。「どうせ私なんか」「私は無理だ」と自分をネガティブに捉え、会話にも「でも」や「だって」「できない」などの言葉が多くなります。

また、自分への自信のなさから、新しいことには消極的になり、目の前のチャンスを逃すこともあります。人から褒められても素直に受け入れることができず、生きる苦しさばかり感じてしまいます。

あなたは自分をどう評価しているでしょうか。

2-6 他者と比較して自分が傷つかないための自己防衛機能

「私はすごい」や「私はだめだ」といった自己評価は、自分自身の中だけで判断しているように見えますが、実は、他者の存在が隠れています。私たちは、**他の人と自分を比較することで、自分の価値を決めているの**です。

心理学者のテッサー，A.（Tesser, A.）は、他者との関係において自己評価を維持する心理的なメカニズムを図表2－5のようにモデル化しています。

テッサーは、自己評価を決める要因には

「自分と他者の心理的距離」…自分と他者がどれくらい近いか

「自分との関連性」…自分にどれだけ関わりがあるのか

「他者の遂行レベル」…他者の成績や成し遂げたこと

の三つがあり、次の**「比較過程」**と**「威光過程」**という二つの過程で、自己評価が下がらないようにしていると説いています。

例えば、こんなときに比較過程の道をたどります。

Gさんは職場の同期のHさんを、良きライバルであるだけでなく、大事な親友（＝心理的に近い）だと思っています。ある日、社内の昇進試験が実施され、二人とも自分の昇進（＝自分と関連性のある事柄）をかけてチャレンジしたところ、親友のHさんが試験に合格し、Gさんは不合格でした（＝他者の行いが優れている）。

もし、あなたがGさんだったらどうでしょうか。

親友の昇進を喜びたい反面、Hさんに対して嫉妬を感じ、職場でHさんの姿を見るとなんとなく避けたくなるのではないでしょうか。テッサーは、このような場面になると、人は相手と距離を置くことで「私はダメだ」と自己評価が低下していくのを止めようとすると説いています。

次に「威光過程」について前述のGさんとHさんのパターンを少し変えて説明しましょう。

GさんとHさんは職場の同期で、GさんはHさんのことを親友だと思っています。ある日、社内の昇進試験が実施され、Hさんがチャレンジしたところ、みごと試験に合格しました。

Gさんは、近々自分で事業を起こすため、来月会社を退職する予定で、この昇進試験は受けませんでした。

さて、あなたがGさんなら、今度はどのように感じるでしょうか。

先ほどの「比較過程」の例とは違い、Gさんにとっては、来月辞める会社の試験なので関連性は低くなります。でも、昇進試験の難しさはよく知っていますから、親友のHさんが試験に合格したことは誇らしく、自慢したいと思うのではないでしょうか。

このように、自分と関連性の低い場合には、自分で得た成果ではありませんが、親友の合格を自分のことのように受け止めることで、自己評価は上がります。

ちなみに、「あの人気アイドルは、私と同じ中学の卒業生なんだって」「オリンピック出場が決まったあの選手は、この町の出身だ」というような事象を「栄光浴」といい、これも優れた他者の栄光に浴することによって自己評価を高めようとする「威光過程」の一つです。

図表2─5:テッサー「自己評価維持モデル」

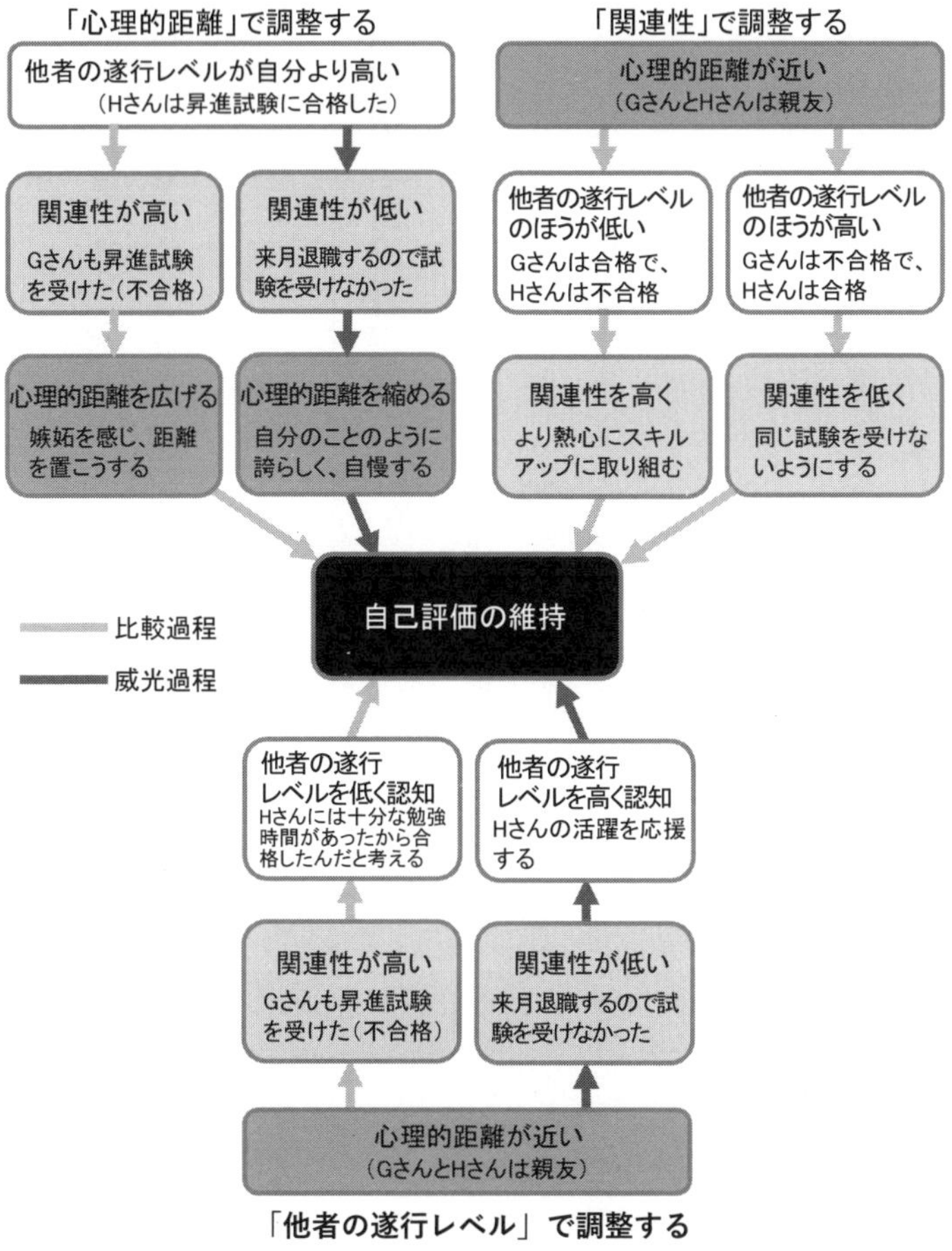
「心理的距離」で調整する
「関連性」で調整する
他者の遂行レベルが自分より高い
(Hさんは昇進試験に合格した)
心理的距離が近い
(GさんとHさんは親友)
関連性が高い
Gさんも昇進試験を受けた(不合格)
関連性が低い
来月退職するので試験を受けなかった
他者の遂行レベルのほうが低い
Gさんは合格で、Hさんは不合格
他者の遂行レベルのほうが高い
Gさんは不合格で、Hさんは合格
心理的距離を広げる
嫉妬を感じ、距離を置こうする
心理的距離を縮める
自分のことのように誇らしく、自慢する
関連性を高く
より熱心にスキルアップに取り組む
関連性を低く
同じ試験を受けないようにする
自己評価の維持
比較過程
威光過程
他者の遂行レベルを低く認知
Hさんには十分な勉強時間があったから合格したんだと考える
他者の遂行レベルを高く認知
Hさんの活躍を応援する
関連性が高い
Gさんも昇進試験を受けた(不合格)
関連性が低い
来月退職するので試験を受けなかった
心理的距離が近い
(GさんとHさんは親友)
「他者の遂行レベル」で調整する

遠藤辰雄・井上祥治・蘭 千壽編『セルフ・エスティームの心理学』(ナカニシヤ出版) 図7-2 自己評価維持過程のモデルにおける親密さ・パフォーマンス・関連性要因の関係(Tesser & Campbell,1982)をもとに著者作成私たちは、図表2－5に示したように「比較過程」と「威光過程」という二つの道を選択しながら、自己評価を維持しています。

もしあなたが人間関係で傷ついてしまいそうなときは、この「自己評価維持モデル」に自分を当てはめてみてください。落ち着いて一つひとつ起った事をこのモデル内のコマに書き込んでみると、自分の傷つきを減らす良いアイデアが導き出されてくるでしょう。

2－7 自尊感情（自己肯定感）

自尊感情（自己肯定感）とは、自分の存在を認め、尊重することです。

つまり、自分自身が今、ここで生きていることに価値を感じることです。

このように今の自分を肯定する感覚、すなわち自分を他者と比べて自信や優越感を持つのではなく、自分が自分自身を尊敬でき、価値ある人間と捉えることが大事なのです。適切な自己評価といえるでしょう。ローゼンバーグ，M.（Rosenberg, M.）は、このような自尊感情（自己肯定感）を測定する尺度を作成しました。

この感覚は、その人の**成長する環境によっても大きく変わる**と考えられます。

例えば、幼いときに養育者が過保護・過干渉で何でもやってしまうと、子ども自身がやってみるという経験をあまりできず、自分の力で物事をやり遂げられるという自己効力感をいつまでも持ちにくく、自尊感情（自己肯定感）が低くなりがちです。

また、養育者が子どもに過度の期待をかけ、子どもに高すぎる目標を課して「ダメダメ」と否定したり、叱ったり、あるいは無視したりしていると、子どもは「やっぱり自分は何もできないんだ」と自分を捉え、自己効力感を持ちにくく、自尊感情（自己肯定感）が低くなりがちです。

ちなみに、養育者の気持ちが不安定で劣等感を持っていると、子どもの自尊感情は育ちにくいといわれています。

現代社会では、将来に明確な目標がなく、自信を持てずにいる養育者もたくさんいます。大人の抱えた不安は、そのまま子どもにも不安を抱かせることになり、さらに、少子化で子どもの数が少ないため、養育者からの影響をより強く受けやすくなっているのです。

また、養育者の中には、自分自身が幸せを感じていないので、自分の子どもであっても、幸せになることに諸手を挙げて喜べないという人もいます。

そういう養育者は、たとえ子どもが何かで優秀な成績をおさめても、周囲からほめられると「そんなことないわよ。うちの子は」などと、言葉では謙遜しつつ自慢げな態度を示しますが、子ども本人には「頑張ったね」「偉いね」といったほめ言葉をあまりかけません。こういった矛盾した態度を養育者に示されると子どもも「自分はこのままでよいのだ」と、自分自身への自己肯定感を育みにくいでしょう。

ただ、子どもをほめられない養育者たちも、実は自分の養育者から同じように育てられてきた可能性が高く、養育者自身も自尊感情を育てられなかったのかもしれません。そして、こうした環境は、養育者から子どもへと**世代間連鎖**されていきやすいものなのです。

2-8 立ち直る力（レジリエンス）の強い人・弱い人

何かの失敗やトラブルで「私はダメだ」と自己評価が下がることがあったとき、何日も引きずってしまう人もいれば、翌日にはケロリと元気になる人もいます。同じ人間でありながら、不思議なものです。

最近、**「レジリエンス」**という言葉がよく使われるようになりました。

「レジリエンス」とは、直訳すると回復力、反発力といった意味で、よく「レジリエンス（力）が強い・弱い」「レジリエンス（程度）が高い・低い」という表現で使われます。

ただ、「あの人はレジリエンスが強い人だ」というと、なんとなく打たれ強く、立ち直りの早い人だとわかりますが、「じゃあ、レジリエンスって何？」と聞かれると、答えるのが途端に難しくなってしまいます。

「レジリエンス」については、さまざまな解釈があり、一貫した定義がされていないのが現状ですが、心理学の分野では**ストレスのある環境に置かれても、それを跳ね返して成長する力、立ち直りの力を指すもの**として使われることが多いようです。

同じような環境の下でも、極度の不安や落ち込みといったストレスに苦しむ人とそうでない人、すぐに立ち直れる人と長く引きずる人、その違いは「レジリエンス」の違いによるもので、パーソナリティーとの関連が広く研究されるようになってきています。

レジリエンスは、人によって違いはあるものの、誰もが持っているものです。

今は立ち直りに時間がかかるという人も、本書の中で紹介しているスキルを実践することで、レジリエンスを高めていくことができるはずです。

2-9 ライフ・タスク（重要な発達課題）を乗り越え、人は強くなる

私たちのパーソナリティーがどのように形成されていくのかを、発達心理学者のエリクソン，E．H．(Erickson, E. H.) の唱える**「ライフサイクル理論」**の図表2-6を用いて説明していきましょう。

エリクソンは、**人間の生涯を乳児期から老年期までの8つの発達段階に分け**、その**各段階にライフ・タスク（人が生涯で直面する重要な課題）があるとしています。**

そして、周囲との関わりの中で、タスクを乗り越えようと努力することが、パーソナリティーの健康な発達・成長を促すとしています。

図表2-6にあるように、ライフ・タスクには、ポジティブな面とネガティブな面があり、各発達段階でそのせめぎ合いを経験することになります。

図表2−6：エリクソンの8つの発達段階とライフ・タスク

時期	ライフ・タスク								主な人間関係
（死）									
老年期								統合性 対 絶望	人類
壮年期	（ポジティブな面）						生殖性 対 停滞		家族・同僚
成人初期						親密性 対 孤独			友人・パートナー
青年期					アイデンティティの確立 対 アイデンティティの拡散				仲間・ロールモデル
学童期				勤勉性 対 劣等感					地域・学校
幼児期			自発性 対 罪悪感						家族
幼児初期		自律性 対 恥・疑惑					（ネガティブな面）		両親
乳児期	基本的信頼 対 基本的不信								母親
（誕生）									

エリクソン,E.H.著 仁科弥生訳『幼児期と社会 Ⅰ』（みすず書房）
図12 人間の8つの発達段階漸成的図式をもとに著者作成

例えば、乳児期に課せられるライフ・タスクは、母親（または、それに代わる養育者）との関わりから、相手を「信頼」する経験だけでなく、「不信」を抱く経験もします。愛情をもって抱かれ、世話をされていると、乳児に母親への「信頼」が生まれ、生きることへの希望を持つことができますが、抱きしめられたり、世話をされたりする機会が少ないと、「信頼」より「不信」が大きくなり、乳児は生きることに希望を感じにくくなってしまいます。

当然ポジティブな感情経験がネガティブな感情経験を上回るほうが、パーソナリティーの発達・成長には望ましいといえます。

また、各発達段階にあるライフ・タスクは、人が生きていく上で避けることのできない課題です。その課題に十分に取り組むことができなければ、体は年齢に応じて成長したとしても、パーソナリティーの健康的な成長は望めないとされています。

いちばん大切なことは、生涯にわたりポジティブな感情経験を増やせるように努めることです。それによって健康的なパーソナリティーが作られていきますし、辛い状況を跳ね返し、立ち直っていく力（レジリエンス）を高めることにもつながるのです。

とは言え メモ

エリクソンの発達段階とライフ・タスクは、子どもの養育者向けのテキストでよく紹介されるものです。ですから、「自分はこのとおりに生きてこなかった、育ててはもらえなかった」と思う人も、落ち込むことはありません。テキストに書かれたものは、あくまで理想なのです。

自分は「このとおりではない」と思ったとしても、エリクソンの発達段階で階段を飛び越えることはできないため、どんな人も不完全ながらも一段ずつ登った階段はあるはずです。階段の形は人によって違い、途中の階段が狭かったり、細かったりしても発達・成長・変容を重ねてきたことは間違いありません。

今ここで本書を読むことができているということ自体が、あなたがこれまで発達段階の階段を登ってきた証です。そのことを忘れないでください。

2-10 自分の良いところ、悪いところ

本章では、ここまで自己概念の捉え方や「ジョハリの窓」による自己分析、自尊感情、自己評価の維持、レジリエンス、ライフ・タスクと、「自分を知る」ことについてお話ししてきました。ここからはそ

の自分を受け入れるプロセスを一緒に歩んでいきましょう。

自分では「私は柔軟で臨機応変に対処できる人間だ」と思っていても、友だちからは「あなたって、意外と頑固だよね」と言われる。あるいは、周囲からは「あなたはとても明るい人だね」と言われていても、本人は「本当の私は人見知りなのに」と感じていることもあります。

前述のように、自分の思っている自分と周囲の印象は、必ずしも同じとは限りません。そして、両者の捉え方のギャップがストレスの要因となることもよくあります。例えば「みんな私のことを気前のよい人と思っているはず」と思っていたのに、周囲は「結構しっかり者だよね」と言っているという具合です。

自分を知り、捉え方のギャップを埋めようとしていくと、自分や他者に対する気持ちに変化が生じ、人間関係によるストレスの軽減に役立ちます。

皆さんは、自分のことをどんなふうに感じているのでしょうか。図表２－７のワークシートに自分の良いところ・悪いところを、思いつく限り記入してみてください。

ご覧のとおり、とてもシンプルなシートですが、記載した内容からさまざまなことを読み取ることができます。

シートへの記入が済んだら、良い・悪いそれぞれの項目数をカウントしてみましょう。

図表2‒7：自分の良いところ・悪いところを書き出してみよう

〈良いところ〉	〈悪いところ〉
例） ・優しい ・元気がある ・挨拶ができる ・スポーツが得意　など	例） ・恥ずかしがり ・気が弱い ・寝起きが悪い ・忘れ物が多い　など

どちらの項目が多かったでしょうか。

実は、日本人の場合、自分の良いところの数よりも悪いところの数を多く記入する傾向があるのです。

しかし、これはある意味当然の結果といえるかもしれません。

日本の学校教育では、「できる」ことを伸ばすより、「できない」ことの克服に重点が置かれがちです。

例えば、テストで間違えたところがあれば、それを直していくようにと指導します。

もちろん、できなかったところを振り返り、次にはできるようにしていくことは大切なのですが、このような教え方では「できない」ことに意識が向くようになり、「できないこと＝直さなくてはいけない」、ひいては「直さなくてはいけない＝悪いこと」というネガティブな連鎖が生まれ

図表2-8:「できない」=「悪いこと」なの?

直さなきゃいけない
↓
できないのは、
悪いことなんだ
できなかった
ところを直していこうね
©2020 Ātman Counseling Room

てしまいます。

このネガティブな連鎖は、国語や算数などの勉強だけでなく、性格や行動についても同じことがいえます(このように同様の条件の元で同様の反応が生じる現象を般化といいます)。先生や両親など、自分の周りの重要な人から「できないことを直してできるようにしよう」と言われ続けると、追い込まれて苦しい思いをするか、「できないこと」として自分の「悪いところ」に置いて諦めてしまうかになりがちです。

皆さんにとっての「自分の周りの重要な人」を思い浮かべ、その人が自分にどんな要望を伝えてきているか、一度検討してみてください。もしかすると、その要望は今のあなたの環境では的外れなものかもしれません。

そして、先ほどの良い・悪いのシートに書いた「悪いところ」と何か関係が浮かび上がってきませんか。

2-11 〝いい人〟を続けているのは疲れる！

「できないことを直そう」と言われたとき、なぜ、私たちは「できるように直さなくては」と頑張るのでしょう。

そこには、「人からどう思われていたいのか」という気持ちが関わっています。

「人がどう思おうと関係ない」と言い切る人もいますが、大半の人は「人から悪く思われたくない」「あの人には嫌われたくない・好かれたい」と考えるものです。

私たちが周囲と関わりあいながら生きていることを考えれば、嫌われたくない・好かれたいという願望が強いことも、当然でしょう。

しかし、その願望があまりにいき過ぎると、自分の中にストレスを溜め込むことになってしまいます。

例えば、あるグループで、あなた以外に10人の仲間がいたとします。

人によって考え方には違いがありますから、あなたを好きだと思う人もいれば、好きともなんとも思わない人もいるかもしれません。

こんなとき、あなたは一体何人の人に自分を好きでいてほしいと願うでしょうか。

図表2−9：いい人でいるために無理していない？

全員に好かれ
なくちゃいけない
よね
好き！
なんとも思っていない
©2020 Ātman Counseling Room

「10人の仲間のうち、8人が好きでいてくれても、そんな自分に満足できない」

「全員に好かれなければならない」

そんな強い思いのある人は、次に「好きになってもらうためにはどうすればよいか」を考えるようになります。

そして、今のままの自分では残りの二人に好きになってもらえないから、相手の好む「いい人」になって対応すれば、好きになってくれるだろうと、相手に合わせた自分であろうとし始めます。

このような対応をすれば、好きでなかった2人も好きになってくれるかもしれません。10人いれば10人から「あの人、いい人だよね」と言われるようになるかもしれません。

ですが、誰からも好かれるため、いい人だと思われるために、無理をしてはいないでしょうか。

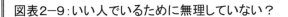

10人との関係はうまくいくかもしれませんが、相手の好き・嫌いに応じて自分を曲げていれば、そのジレンマにストレスを感じるようになります。積み重なっていけば、やがて心や体に悪い影響を及ぼし始めるのです。

なぜ、それほどまでしていい人でありたいと思うのでしょうか。

それは、全ての人から好かれる自分が理想であり、そうなれない自分を自分自身が受け入れられていないからです。つまり、**自分を変えようと無理をするのは、相手のためにしているわけではなく、理想に近づこうとする自分のためにしているのです。**

そんな理想は現実的でしょうか。現実の自分の立ち位置、居場所を探しましょう。

2-12　そのままの自分を一旦受け入れよう

「変えられるもの」を変える勇気と
「変えられないもの」を受け入れる心の静けさと
「その両者を見分ける英知」を我に与えたまえ。
—ラインホルド・ニーバー—

ありのままの自分、そのままの自分を認め、受け入れることを「自己受容」といいます。

図表2−10：そのままの自分を受け入れよう！

「良い」も「悪い」も
全部自分だね！
良い
ところ
悪い
ところ

©2020 Ātman Counseling Room

ワークシートに「悪い」の項目がたくさんあっても、**それを自己受容をしない理由とする必要はない**のです。

良いところも、悪いところも、全部含めて自分です。だからこそ、全部丸ごと、自然なものとして自分を捉えなおすことが大切で、それがスタートです。

ただ、ありのままの自分、そのままの自分で変わることがないということではありません。例えば、あなたが悪いと思うところの一つと向かい合い、受け入れると、その瞬間にあなたは変わっているのです。一瞬であなたが理想とするあなたにはなれませんが、人生における歩く方向性が少し変わります。

「これも自分だ」と自分の価値を認めて自己を受容することが重要です。

とは言えメモ

理論的には変われるとしても、実際、人はすぐには変われないことに苛立つものです。

まずは、先ほどのワークシートの「悪い」リストから、変えられたら楽しくなりそうなものを一つ選びます。そして、あなたの周りにいる家族や友だちの中で、いつも物事を楽しくこなしているような人に、「私は、自分のここが悪いと思うんだけど……」と話して反応を確かめてみましょう。思いがけない話をしてくれるかもしれません。

〈ワーク〉ワークシートの「悪い」にあげた項目をポジティブな表現に変えていこう

同じ事柄も見方によってはポジティブにもネガティブにもなるものです。まずは、機械的に言葉を言い換えてみましょう。

①二人1組になり、「悪い」ところにあげたワードを全部書き、次の表の中のワードを参考にネガティブに捉えがちなことのポジティブな面を探してみましょう。

②それを書いて、お互いに相手のシートに書かれているネガティブワードと言い換えたポジティブワードを読み上げてみましょう。それに耳をすましてください。

自分一人で行うよりも、他者の言葉を自分の耳できくことで、より実感が得られると思います。

★言い換え例
ケチ→節約上手
頑固→意思が固い
優柔不断→慎重
神経質→細やか
消極的→控えめ
無遠慮→フレンドリー
飽きっぽい→切り替えが早い
無口→静か
自己主張が強い→自分の意見を持っている　など

〈振り返り〉

いかがでしたか。自分が悪いと思っているところにあるポジティブな面が見つかりましたか。

そして、それを受け入れていけるようなヒントが見つかりましたか。

機械的な言葉の言い換えをとおして、そのままの自分を少しずつ受け入れる素地を整えていきましょう。

第3章

相手を知り、相手を受け止める「傾聴」の知識

3－1 相手は思いどおりに動かなくて当たり前

さて、ここまで「自分」とは何かについて説明してきましたが、ここからは、「他者」についてみていきましょう。

自分のことを「私は、こんな人間だ」と捉えるように、私たちは自分以外の人に対しても、「この人、優しそうだな」とか「なんだか、強引な人。自分勝手だな」などと、さまざまな捉え方をします。

このように他者に対して「この人は、こんな人だ」と理解しようとする心の働きを**「対人認知」**といいます。

自分の周りにいる人（他者）を認知する手がかりはいろいろありますが、私たちは、自分の得られた情報のみで他者を捉えがちです。

例えば、こんな感覚を味わった経験はないでしょうか。

Iさんは仲良しのJさんと雑談しています。二人は好みの食べ物や好みのファッションもよく似ていて、好きな異性のタイプも一緒でした。

Iさんは、自分の好きなアイドルが主演する映画の話がしたくて、「アイドルの彼、素敵だよね」と話を切り出したのですが、Jさんは「そうね」と一言だけ返事をし、「それより、駅前に新しいスイーツのお店ができたらしいよ。気になるよね」と、違う話を始めました。

Ｉさんとしては、「Ｊさんとは、好みのタイプが一緒だから、きっとあのアイドルの話なら盛り上がるはず」と期待していたのですが、Ｊさんにとっては、それよりも好きなスイーツのお店ができたことのほうが気になっていたわけです。

つまり、どれほど仲の良い相手であっても、**必ずしも相手が自分と同じ意見とは限らないし、相手は自分の思いどおりには動かないもの**なのです。

ここでご紹介したのは、日常よく起こるささやかな例ですが、もっと大きな期待をしていたようなとき、相手が思いどおりに動かないと無力感を持ったりしていませんでしたか。

私たちは、自分の認知をもとに「この人ならこう行動するだろう」と考え、自分も行動しています。その思惑どおりに進まないことが現実に多々起こります。しかし、この「思いどおりとは限らない」ことに気づくのは大切なことです。

もし期待外れに終わっても、相手が思いどおりにならないのは当たり前のことなのですから、「こんな一面もあったのか」と、相手に関する情報をアップデートするだけにとどめてください。

3－2　与えられた情報から、「他者」のイメージを作り上げる

よく「初めての人と会うときは、ファーストインプレッション（第一印象）が大事」といいますが、それは、私たちは相手（他者）の容貌や話し方、仕草など、そこで得られた情報を手がかりに相手がどんな人かを捉えようとするからです。

また、相手を直接知らなくても、間接的に得られた情報で捉えてしまう場合もあります。「彼は優しい人だよ」「彼女はとても几帳面な人」といった情報を耳にすると、会う前から相手に対する印象が形成されるのです。

このように、相手について得られたさまざまな情報から、その人の全体像を捉えようとすることを**「印象形成」**といいます。

ここで、提供される情報によって印象が変わるという二つの実験を紹介しましょう。

心理学者のアッシュ, S. E.（Asch, S.E.）は、私たちが初めに与えられた情報で相手に対する印象を固めていき、後から入ってきた情報の捉え方にも影響することを、次のような方法で説明しています。

アッシュは、被験者をAとBのグループに分けて、「ある人の性格特性だ」として、6つの言葉を伝えました。

Ａのグループには、「その人物は、知的で、勤勉で、衝動的で、批判的で、頑固で、嫉妬深い人である」と伝え、Ｂのグループには、Ａグループとは逆の順番に、「その人物は、嫉妬深くて、頑固で、批判的で、衝動的で、勤勉で、知的な人である」と伝えたところ、Ａのグループの人たちは、その人に好印象を持ったのに対し、Ｂのグループの人たちは、その人に悪い印象を持ったという結果になりました。

これは最初に与えられた情報が後の情報に影響を与えていたためと考えられます。このような現象を**「初頭効果」**といいます。

また、アッシュは、情報の順番だけでなく、情報によって全体の印象形成に与える影響の大きさが異なるとも述べています。

先ほどと同じように、被験者をＡとＢのグループに分け、今度は、「ある人の性格特性だ」として７つの言葉を伝えました。

Ａのグループには、「その人は、知的な、器用な、勤勉な、**温かい**、決断力のある、実際的な、用心深い人である」と伝え、Ｂのグループには、「その人は、知的な、器用な、勤勉な、**冷たい**、決断力のある、実際的な、用心深い人である」と伝えたところ、Ａグループは、その人に好印象を持ったのに対し、Ｂグループの人たちは、悪い印象を持つという結果になりました。

両グループに伝えられた言葉の違いは「温かい」か「冷たい」かだけです。それでも、受ける印象は全く異なるものだったのです。

アッシュは、相手の印象を形成するときには、単純に特性を足したものではなく、まずそれぞれの特性を超えた全体（ゲシュタルト）が成立し、この全体によって「温かい」「冷たい」のように印象に大きく影響する特性（**中心特性**）、その他の特性（**周辺特性**）の意味づけが変わるとしています。

3-3 人はネガティブな情報に引っ張られてしまう

アッシュの実験では、いくつかの言葉を使ったものでしたが、情報過多の現代は、良くも悪くもさまざまな情報で溢れています。

その最たるものがメディア操作でしょう。ある人物のことを好意的に発信したり、悪意を持って発信したりすることで、それによって直接知らないのに、「あんな人だと思わなかった」「意外に良い人だな」と印象を持つことはないでしょうか。

少し前のことになりますが、SNSで「この人が犯人だ」というようなフェイクニュースが拡散され、無実の第三者が被害を被り、大きな社会問題になったことがありました。

これからの時代、与えられた情報の真偽を見極める力がさらに必要になります。

では、人についてはどうでしょう。もしある人物に関して、ポジティブな情報とネガティブな情報が同時に提示されたとしたら、あなたはどちらの情報により強い関心を持つでしょうか。

できれば、ポジティブな情報に目を向けたいところですが、残念ながら、人はポジティブな情報よりもネガティブな情報に目を向けやすく、しかも、記憶に残りやすい性質を持っています。

このネガティブなものに引っ張られてしまうことを、心理学では**「ネガティビティバイアス」**といいます。

ネガティビティバイアスは、生き物の生存本能と関わりがあるといわれています。人類が進化していく過程では、獣に襲われる、災害に巻き込まれるといったリスクやトラブルから身を守るため、ネガティブな情報を優先するようになったと考えられています。

ネガティビティバイアスはかなり強力で、例えば、初対面のときにネガティブな印象を持ってしまうと、本当は良い人であったとしても、なかなか印象を切り替えることができません。

あるいは、良い出来事が二つも三つも起こり、「今日はなんて良い日だろう」と上機嫌でいたところに何か一つ悪いことが起ったばっかりに、それまでの気分が台無しに。皆さんの中にも、こんな残念な経験をした人がいるのではないでしょうか。

私たちの生命を守るために受け継がれてきたネガティビティバイアスではありますが、現代社会では、ネガティブな情報ばかりに縛られたくはありません。

これを克服していくには、まず、自分にネガティブなものに引っ張られやすい性質があると自覚することです。その上で、楽しいことや心地よいことを積極的に取り入れていくことをおすすめします。

図表3−1：後光効果と相手の全体像

はじめまして！
よろしくお願い
します！
素敵な挨拶！
きっと仕事ができる
に違いない！
大丈夫かなぁ…
仕事もできなさ
そう…
ええと、
その、あの….

相手が持っている望ましい側面・望ましくない側面が全体の印象に影響する

©2020 Ātman Counseling Room

他にも、ネガティビティバイアスのように偏った印象を引き起こすものに**「後光効果（ハロー効果）」**があります。この言葉が初めて使われたのは、心理学者であり、教育測定運動の父とまで呼ばれたソーンダイク，E.L.（Thorndike, E. L.）の論文でした。

仏像や菩薩像を鑑賞したとき、背後に光が放たれる姿を見たことはないでしょうか。その光が後光です。

心理学における「後光効果」は、その人が持っている強い特性に引っ張られて全体の印象に影響が生じることをいいます。ただし、仏様と違うのは、強い特性に、ポジティブな場合とネガティブな場合があることです。

ポジティブな後光効果は、言ってみれば「惚れた欲目」のことわざのようなことです。

好きな相手のことなら、なんでもひいき目に見てしまう。周りの人には欠点に見えることさえ、長所に見えてくる。このような事象に似ています。

例えば、初対面でも爽やかな笑顔で挨拶をし、身だしなみもよく、ハキハキと話す人に対しては、「この人はきっと仕事ができる」「何をやらせても一生懸命だろう」などと、プラスの印象が形成されていきます。

反対に、ネガティブな後光効果になると、「親が憎けりゃ子も憎い」ということわざのように、親が憎いと、それに関わる別のものまで憎くなってきます。

先ほどの例と反対に、見るからに不潔そうで、無表情で挨拶も話もしないような人に対しては、「この人、仕事はあまりできそうもないな」「暮らしぶりもだらしないのかな」と、あまり良い印象を抱くことができず、どんどんマイナスの印象に引っ張られてしまうのです。

3-4 情報を受けとる側のバイアス

ネガティビティバイアスや後光効果は、与えられる情報によって他者への印象形成が左右されるというものでしたが、私たち側の先入観や期待感のバイアスもまた、他者への印象形成に影響を与えます。

その典型的な例が**「ステレオタイプ」**と呼ばれるものです。

「ステレオタイプ」という言葉は、社会一般に浸透している認識、思い込み、固定観念などを表すものです。つまり、他者をカテゴリーに当てはめることで早く理解しようとする方法の一つです。

対人認知の際も、人種や性別、年齢、あるいは職業など、自分の中にある社会的に固定化されたイメージ、カテゴリーに当てはめて他者を理解しようとします。

「血液型」はその際たる例です。

皆さんも初対面の人との会話で、「血液型は何型？ A型なら几帳面な性格でしょ」「B型の人は超個性的っていうよね」などと、血液型によって性格を捉えようとした経験はないでしょうか。ただ、実際は同じ血液型だからといって、全員が同じ性格ではないことは、皆さんすでにご存知のはずです。

このほか、一昔前の海外のコミックでは、日本人はメガネをかけてカメラをぶら下げて描かれるのが定番でした。これも海外の人のカテゴリー化されたイメージ、ステレオタイプといえます。

特に相手からの情報が少ないときには、私たちが持っているステレオタイプによって認知にバイアスがかかることがあります。このことを覚えておいてください。

3-5 期待に応えて相手の行動が変わる

対人認知についてもう一つ、私たちの抱いた「こうであろう」という期待感によって、相手の行動が実

図表3－2：ローゼンタールの実験とピグマリオン効果

くま先生、
あの子はもっと
伸びる子ですよ
そうなんですね！
期待を込めて
応援しますよ
キミなら
もっとできるよ！
頑張って！
頑張ります！
学者
教師
教師
生徒
結果的に成績が上がった
©2020 Ātman Counseling Room

際に変わるという実験を紹介します。

人は他者からの期待を受けることで、期待を受けていない人よりも優れた効果を出すことがあります。この効果を、**「予言の成就」**あるいは**「ピグマリオン効果」**といいます。

教育心理学の分野でよく使われるもので、「教師期待効果」あるいは、この心理効果を提唱した心理学者のローゼンタール，R．(Rosenthal, R.) の名前をとって「ローゼンタール効果」とも呼ばれます。

ローゼンタールらは、サンフランシスコの小学校で、次のような実験を行いました。

学期の最初に、生徒たちに知能テストを実施した後、担任の教師に「今後成績が伸びる可能性の高い生徒」を教えました（図表3－2左）。実は、選ばれた生徒たちはテストの実力に関係なく無作為に選ばれていたのですが、担任教師はそのことを知りません。

それから8カ月後に再びテストを行うと、「成績が伸びる」と選ばれた生徒の成績が、選ばれなかった生徒の成績よりも実際に伸びたというのです。

つまり、担任教師が「成績が伸びる」とされた生徒に期待をし、その期待を生徒も意識したことが成績向上につながったわけです（図表3－2右）。

この実験については、実験方法などへの反論や批判があり、期待と成績上昇の因果関係を疑問視する向きもありますが、相手に対する期待が影響する例として、未だに広く紹介されています。

いずれにしても、私たちの中に相手に対する期待やバイアスがあることを知っていれば、より正しく他者を理解して、人間関係を築いていく上で役立つでしょう。

3－6 他者受容ってどういうこと？

ここまで、他者の印象は、他者から与えられる情報と、それを受け入れる私たち側の捉え方の両面が相まって形成されるということを述べてきました。

受け入れるというのは、その人の意見に「はい、あなたの言うとおりにします」と同意したり、あるいは、その人の面倒をみるという意味ではありません。

「自己受容」と同じように、良い・悪いといった評価するのではなく、「ああ、この人はこうしたいのだ」「今、こんなふうに感じているのだ」と、**相手の事情や気持ちをそのまま受け入れる**ということです。

この他者のありのままを認め、受け入れることを、「他者受容」といいます。

一般的に、「自己受容」と「他者受容」は、正比例の関係にあるといわれています。あるがままの自分を受け入れることができる人は、相手に対しても、「これはこの人の個性だ」とオープンに受け入れることができます。

一見当たり前のようですが、現実には、「他者受容」がうまくできていない人も、できないときも、たくさんあります。また、それ自体に気づいていない人も、気づいていないときも多いのです。

では、どうすれば他者を受け入れ、人との関わりを円滑にできるのでしょうか。

その方法をお話ししていきます。

3-7 察し合うことにも、落とし穴がある

一昔前の日本では親が子どもに教えることの一番に、「人を大切にする、人に迷惑をかけないようにする」ということが挙げられていました。

そのため私が、企業や学校で心理教育を始めた20年ほど前は、「相手を大切にして生きている」という

図表3−3：察し合うことの落とし穴に注意！

クッキーを焼いたの。よかったら食べて
スイーツ好きだからきっと喜んでくれるよね
…ありがとう
おいしいと言ってくれるよね
ホントはダイエット中なんだけどな…
©2020 Ātman Counseling Room

意見のほうが「自分を大切にして生きている」という意見より多くありました。西欧的な個人主義が優位になってきた現代をみると、ずいぶん世の中が変わったと感じます。

そして、その頃は、「察し合う」時代でもありました。自分が相手を大切にしているのと同時に相手も自分の気持ちを察してくれていたので、思いやりの相互関係が成立していたのです。

こういう文脈でお話を進めると、「その頃のほうがよかった。戻りたい」と、今を残念に思うかもしれません。しかし、どちらの時代、どちらのやり方にも長所と短所があります。

「察する」ことは人と人との関係性を構築する大事な要素ですから悪いことではありません。ただ、「察する」という行為は控えめで奥ゆかしい印象ながら、見方を変えれば、自分の思考の枠で相手を捉えていることになります。

図表３－３を左側のセリフから見てみてください。

「この人は、こうしてほしいにちがいない」と考えたとしても、それが本当に相手の望んでいることとは限りません。

前述の「自分よりも相手を大切にしている」という人にも、さらに詳しく聞いてみると、「相手のためにやっているつもりですけど……」と、徐々に答える声が小さくなっていきます。つまり、実際に相手のためになっているかどうかその人自身わからないのです。

こうした気持ちの行き違いから、よかれと思ってやってあげたことが、かえって相手の負担になったり、相手を傷つけたりするような展開になることもたくさんあります。その行き違いを減らし、現代の個人主義の特徴を活かしながら、他者と有益なコミュニケーションを図ることが重要なのだと思います。

そして、それを可能にするのは、「傾聴」です。

３－８　耳と心で声を聴く「傾聴」

「傾聴」は、文字どおり耳を傾けて真剣に話を聴くという意味です。

「聞く」ではなく、あえて「聴く」という漢字を使っているのは、ただ音を耳で捉えるのではなく、「耳」と「十四」の「心」（聴くという漢字を分解すると、このようになります）で捉えるという意味が込められているからです。

実際に一生懸命相手を理解しようとすれば、知らず知らずのうちに話し手のほうに姿勢が向き、耳だけでなく体も傾けているものです。

お互いに相手の話をきくときに「聴く」ことを大事にすれば、コミュニケーションが豊かになり、深い信頼関係が築かれていきます。

私たちの日常的な人間関係に「傾聴」が役立つことはもちろんですが、職場での活用も注目されています。

指揮命令系統のある環境では、お互いの意思疎通がうまくいかないことがあります。人として対等であっても、指揮系統においては、指示するもの・されるものの関係にあり、対等ではないからです。

例えば、上司が部下の意見に耳を貸さずに一方的な指示を出すケースや、反対に、部下が上司のアドバイスを無視して気まずい関係になるケースもあります。いずれにしても、コミュニケーションがうまくとれているとはいえません。

そういった場合には、相手の話を「聴く」ことで、お互いの理解を深めて事態解決を図ろうとしていきます。

また、「傾聴」は、カウンセリングの分野でどの理論、どの療法においても基本になっています。

人間関係に問題を抱えた人が変容を図っていくことの支援がカウンセラーの仕事ですが、まずは、その人とカウンセラーが信頼関係を築くときに、「積極的な傾聴」が重要な役割を果たします。

皆さんの中には、職業として人とのコミュニケーションが不可欠という人が少なくないと思います。もし、**信頼関係がうまく築けていないと感じていたら、話し手の話を「聴く」ことを心がけてみてください。**

これから少し専門的な内容になりますが、「傾聴」の知識を紹介していきます。

家庭や職場や学校などでの人間関係の悩みの解消に役立つものなので、自分を聴き手（カウンセラー）に置き換えながら読み進めていただければと思います。

3-9 〝つもり〟は、相手には伝わらない

「傾聴」は、相手の話を熱心に聴くことですが、そのベースにあるのは、相手を尊重し、大切に思う気持ちです。

話し手の話をきいている途中で他のことを考えたり、周囲の動きに気を取られたりすると、あなたはちゃんと聴いているつもりでも、話し手は「こんな話、ききたくないのかも」「つまらないと思っているんだ」という印象を抱くことがあります。これでは「傾聴」しているということが伝わりません。

「傾聴」で大切なことは、話し手の気持ちを受け止めるために心を「聴く」ことです。話している相手

図表3−4：きいている"つもり"はダメ
あの…私、会社を
辞めたいんです
Kさん
上司
なんで？理由は？
ダメだ、こりゃ
思っていることを
素直に話してみて
©2020 Ātman Counseling Room

が「大切にされている」と感じられるような聴き方を心がけてください。

例えば、ある職場でKさんが上司に退職したいと申し出たとします。

Kさんが「会社を辞めたいんですけど……」と伝えたときに、上司が他の書類に目を通しながら「そうなのか。で、理由は？」と対応したら、Kさんはどう感じるでしょうか。たとえ上司が真剣に話を聞くつもりでも、Kさんがそのまま辞めていくのは想像に難くありません。

一方、Kさんの言葉を聞き、上司が顔を上げて「そうなのか。まず座って話そうか。そこで思っていることを素直に話してほしいんだが」と対応したら、どうでしょうか。

話し合いの結果次第では、Kさんは退職を思いとどまり、今まで以上に頑張ろうと思うかもしれません。

私たちの根底には「私がここに存在していることを認めてほしい」という欲求があります。相手が自分を受け止め、大切に思ってくれていると感じられると、とても嬉しくなります。ですから、**「傾聴」は、〝きいてるつもり〟ではダメ**なのです。

私が開く「傾聴ワークショップ」では、参加したミドルエイジの方々が「傾聴」を体験し、嬉しくなって涙を流されることが多いのです。その方々は、すでにお子さんたちも成長し、普段はご夫婦で生活されているのですが、日中はお一人で周囲との接点も少なく、自分の話を聴いてもらう機会がなかなかないようでした。自分の存在を人から気にもされないで大半の時間を過ごされている方々にとって「傾聴」がどれほど意義のあるものかを実感してきました。

3-10　相手を理解する概念には3つのフレームがある

では、〝きいているつもり〟にならず、「傾聴」するとはどういうことでしょうか。

それを知る手がかりとして、まず、話し手を理解するという概念を3つのフレームに分けて説明したいと思います。

①　客観的情報での理解

文字どおり、話し手の属性など、客観的情報で理解するということです。

図表3−5：相手を理解する3つフレーム

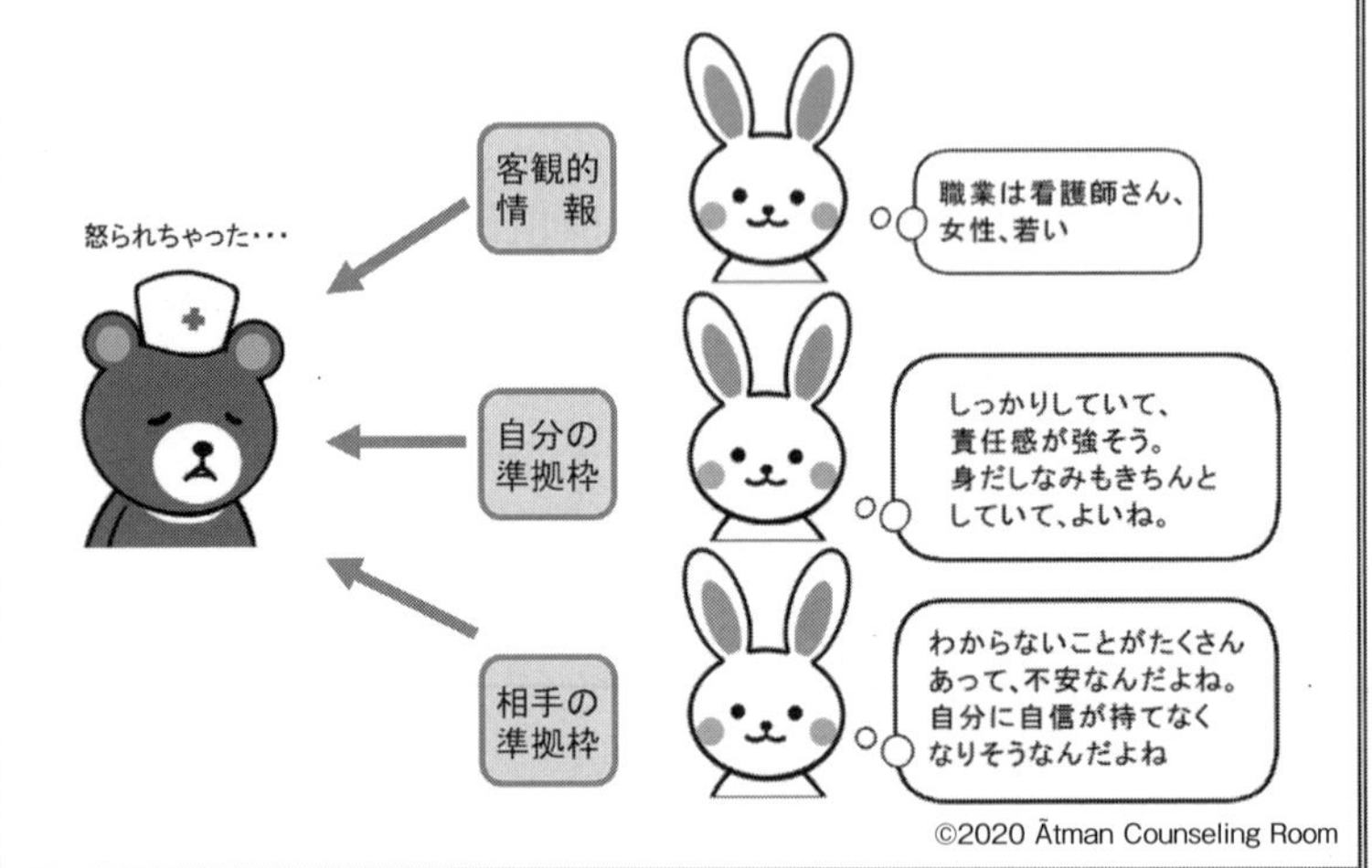

怒られちゃった・・・
客観的情報
自分の準拠枠
相手の準拠枠
職業は看護師さん、女性、若い
しっかりしていて、責任感が強そう。身だしなみもきちんとしていて、よいね。
わからないことがたくさんあって、不安なんだよね。自分に自信が持てなくなりそうなんだよね
©2020 Ātman Counseling Room

例えば、年齢、職業、学歴、住所、健康状態、家族構成など、本人とその周辺から得られたデータは、誰が見ても変わることはありません。そのため、とても正確な理解の方法といえますが、あくまでも表面的な理解の域を出ることはできません。

②自分の準拠枠での理解

自分の準拠枠とは、自分の関心、経験、価値観、感情、思考、想像力など、自分の判断の枠組みを意味します。自分の知覚や準拠枠で話し手の気持ち・考えを理解しようとする方法は、ほとんどの人が自然に行なっています。ただ、自分では理解できていると思っていても、誤った思い込みや決めつけによって話し手を理解したつもりになりやすいといえます。

③ 相手の準拠枠での理解

自分の準拠枠と同様に、話し手には話し手の理解の枠組みがあります。

自分の準拠枠を外し、話し手がどう考え、感じているのか、話し手は外の世界をどのように見ているのかを、話し手の内側から理解するのです。それが、話し手の心を聴くということにつながります。

「傾聴」では、③の相手の準拠枠での理解が大切になります。

「話し手が何を考えているのか、どうしたいのか」を内側から理解しようとすることが、「他者受容」につながっていきます。

3-11 相手を理解するときの5つの態度

話し手を内側から理解するといっても、イメージがしにくいかもしれません。

ここで「相手の準拠枠で理解する」とはどういうことか、私たちが日常生活で人と接するときの態度から考えてみましょう。

心理学者のポーター，E．H．（Porter, E. H.）は、私たちが相手を理解するときの態度を次の**「5つの態度」**に分類しています。

次の場面に、自分を置き換えてイメージしてみてください。

図表3−6：ポーターの5つの態度

人間関係が
悪いから
仕事辞めます〜
なぜ辞める
わけ？
①調査診断的態度
人間関係が
悪くなったら
辞めるべきと
思ってない？
②解釈的態度
突然辞める
のは良くないよ
③評価的態度
人間関係が悪い
から仕事を辞め
るというならそれ
は止めないよ。
あなたのことを
サポートするよ。
④支持的態度
なるほど、
辞めたいと
思ってるんだね
⑤理解的態度
©2020 Ātman Counseling Room

職場の同僚から「人間関係が悪いから、急で悪いけど、今月でこの仕事を辞める」と打ち明けられました。自分ならどのような態度をとるか、①〜⑤のうちもっとも近いものを選んでください。

①「人間関係が悪いからって、なぜ、仕事を辞めるわけ？」と質問する。

②「人間関係が悪くなったら仕事を辞めるべきだと思っているだけじゃないの？」と自分の解釈を述べる。

③「突然、辞めるって言い出すなんてよくない」と、良い・悪いで評価して答える。

④「人間関係が悪いので辞めるって言うなら止めないわ。私はいつでもあなたの味方だからね」と応援する。

⑤「うん、うん、なるほど、辞めたいと思っているのね」と相槌を打つ。

この5つのうちどれが正解で、どれが不正解と言うわけではありません。ただ、相手をどう理解しようとしているかには、それぞれに違う傾向がみられます。

①「なぜ、辞めたいの？」…物事の因果関係をたどり原因を見つけようとする**調査診断的態度**です。例えば医者の問診のようなものです。

②「何か思い込んでいるのでは？」…自分の解釈を述べる**解釈的態度**です。精神分析では、この解釈を心理療法の中心に据えています。

③「突然、辞めるって言い出すのはよくない（または、よい）」…自分の価値観（良い・悪い）に基づく**評価的態度**です。

④「辞めるのは止めないよ。いつでも相談に来てね」…**支持的態度**です。看護師さんのサポート的な態度などはこれに当たります。

⑤「うん、うん、辞めたいのね」…と相槌を打ち、相手の気持ちに沿って聴いていくのは**理解的態度**です。

もちろん職場や置かれた状況によって選ぶ態度は違ってきます。また、一つの会話の中に複数の態度が混ざることもあります。いずれにしても、自分がどのような態度で話し手に接しているかがわかると、その態度を見直す機会になります。

コラム　「なぜ」と「うん」

5つの態度の会話に出てきた言葉で「なぜ」と「うん」という言葉は、「傾聴」で使用するときには注意が必要です。

「なぜ」という言葉には、調査診断的態度以外にも、会話に弾みをつける刺激的な役割のワードとして使う「なぜ」と、反論や相手への批判の気持ちを伝えるワードとして使う「なぜ」があります。日常的には、これら二つがよく使われているため、意味を誤解して受け取られやすい言葉の代表といえます。

また、「うん」という言葉は、「イエス」と同じ意味（同意・是認）に捉えられがちですが、「辞めたい」という同僚に「うん、うん、辞めたいのね」といった相槌の「うん」は、「イエス」とは異なります。

聴き手は、自分の意見としては、「同僚に辞められては困る」と思っているかもしれないのですが、「同僚の準拠枠で、辞めたいという気持ちがあることは理解した、意見を受け取った」という意味で相槌しています。「うん」を使うときには、「イエス（是認）」と「あなたの意見はわかった」の意味を区別しておくことが大切です。

「なぜ」「うん」は、相手に自分の意図と違う捉えられ方をする場合があります。相手の反応を見ながら、誤解されないように使いましょう。

３-12 理解的態度を詳しくみていこう

ポーターの挙げた「５つの態度」を比べると、⑤とそのほかの４つの態度には根本的な違いがあります。

①〜④は、どれも自分側から相手を捉えようとしている（調査・解釈・評価・支持）のに対し、⑤は、相手側の気持ちを受け止めようとしています。

「うん、うん」と相槌を打ち、相手に沿っていく態度は、先ほどの相手の準拠枠（理解の枠組み）で相手を理解するということで、このような理解の仕方を**「共感的理解 Empathy, Empathic Understanding」**といいます。

臨床心理学者のロジャーズ，C．R．（Rogers, C. R.）は、「共感的理解」について、「クライエントの私的な世界を、あたかも自分自身のものであるかのように感じとること」と述べています。

この表現だけではなかなかイメージがつかないかもしれませんが、この〝あたかも〟という部分がとても重要で、「共感的理解」は、相手の思いを共有しながらも、その思いに同化する、あるいは飲み込まれるのではなく、「片足を相手側に入れて、もう片足は自分側に残して、相手の身になって感じとる」ような感覚です。

そのため、①から④までの態度は、自分は変わらず、相手だけを変えようとする態度ですが、⑤は、相手側に片足を入れているため、自分が相手の影響を受けることが大いにあり得ます。

つまり、①から④は、聴き手が話し手から影響を受けるリスクが少ないのですが、⑤は、話し手の影響を受けて、聴き手自身が変わってしまうリスクを負う可能性があるのです。

例えば、あなたが本来は「自分が退職するときには、時間をかけてきちんと引き継いでから辞めよう」という考えであったのに、「人間関係が悪いから、急だけど辞める」と悪びれずに話す同僚に「共感的理解」を示しているうちに、自分も影響を受け、いつのまにか「私も、人間関係が悪くなったらすぐに辞めちゃおうかな」と考え出すようになるかもしれないということです。

ただ、看護や介護のような対人援助の現場で働く方は、④の支持的態度、⑤の理解的態度（共感的理解）は、話し手との信頼関係を築いていくために特に大切なものです。

なぜなら、話し手が強い支えや安心感を感じるのは、聴き手が話し手を心の底から受け止める気持ちがあるときだからです。

また、前述のロジャーズは、1957年に、この「共感的理解」を含めた6つを「人格変容が起こるのに必要にして十分な条件」として理論化し、その中で**「共感的理解」**と**「自己一致 Congruence」「無条件の肯定的配慮** Unconditional Positive Regard**」**の3つの態度を聴く側の態度としてあげています。

「共感的理解」に続いて、「自己一致」と「無条件の肯定的配慮」についても説明しておきます。

「自己一致」とは、相手に対して感じたことを、聴き手自らが否定したり歪めたりしないということです。

ロジャーズは、これを「純粋性」という言葉で表現していますが、聴き手が自分の気持ちを歪めたり、必要以上によく見せようとしたりせず、感じたままの状態で聴くということです。

例えば、病院に威圧的な雰囲気の人が診察を受けにきて、看護師のあなたが対応したとします。その人に対して「なんだか怖そうだな、嫌だな」と感じたときに、「自分は看護師なのだから、患者さんのことをそんなふうに思ってはいけない。優しくしなければ」と、自分の気持ちを否定することはありませんか。あなたが怖いと感じたことを本人に伝える必要はありませんが、自分が「ちょっと怖い」と感じていることも大事にしながら「看護師としてやるべきことは、ちゃんとやろう」と考えればいいのです。これが、自分の気持ちを歪めない「自己一致」の態度です。

あなたが「私は看護師。白衣の天使だから、どんな患者さんのことも好きになれるので、誰に対してもいつも優しい人である」という自己概念を持っていると、自分が「怖い、嫌い」と感じた経験との間にギャップが生まれ、気持ちが不安定になります。

しかし、「私は人間だから、来られた患者さんに対していろいろな思いをもつことがある。それでも看護師だから、やるべきことはやる」と自己概念を変えればギャップが解消され、自分を追い込む必要も無

図表3−7：自己概念の変容

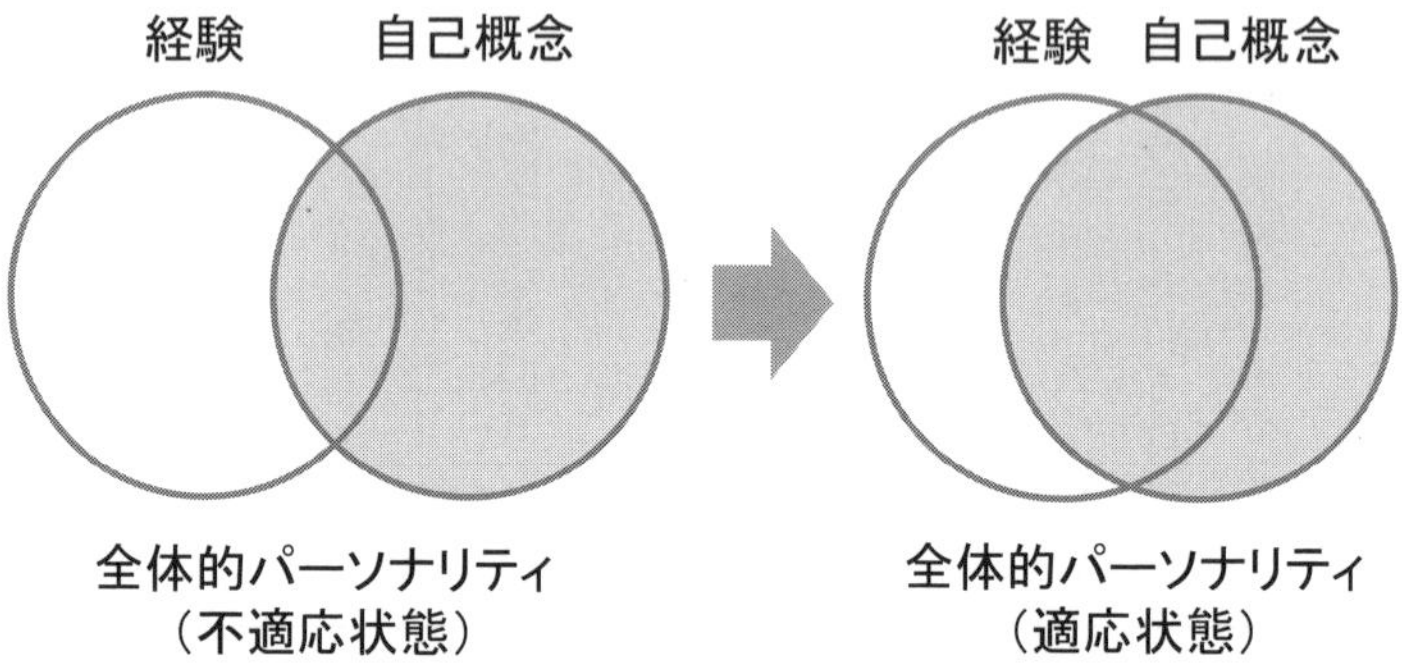
経験
自己概念
全体的パーソナリティ
（不適応状態）
経験
自己概念
全体的パーソナリティ
（適応状態）

ロジャーズ「ロジャーズ全集第8巻」をもとに著者作成

くなるのです。

もう一つの「無条件の肯定的配慮」は、**相手のことに条件をつけたり、評価するのではなく、相手をありのままに受け入れる**ということです。

とても極端な例ですが、罪を犯した人に話を聴く場面を想定すると、「無条件の肯定」の意味がよくわかります。

どのような事情があったとしても犯罪は決して認められることではないけれど、そのようなことをしてしまった背景を聴く（相手の気持ちは受けとめる）ことはできます。

ここで紹介した「共感的理解」「自己一致」「無条件の肯定的配慮」の3つの態度は、「傾聴」を実践する上でとても重要なものですが、プロのカウンセラーでも実現するのは非常に難しいことです。「傾聴」の羅針盤のようなものとして、理解していただきたいと思います。

ロジャーズは、これらの３つの態度で「傾聴」を行うことで、話し手との間の信頼関係を深め、話し手の自己概念を変容することができると考えました。

図表３－７のように、「自己概念（自分はこういう人間だという概念）」と「経験（実際の現象）」の不一致部分が大きいと不適応状態（心が健康でない状態）になります。「自己概念」と「経験」の不一致部分を「傾聴（カウンセリング）」によって小さくしていくことで、適応状態にしていくことができます。

３－13　「傾聴」は相手を信頼することから始まる

第４章で「傾聴」の実践方法を紹介しますが、それに進む前にもう一つ重要なことを説明します。前述の「３つの態度」と併せ、覚えていただきたいのは、この**「人間観」**です。

ロジャーズは、「傾聴」する際には、次のような「人間観」を持つことが必要だと述べています。

・人間は生まれつき自己実現への傾向をもっている

自己実現の傾向とは、成長への傾向、自律性への傾向、独立への傾向などのことです。言い換えれば、「人にはよくなる力が内在している」ということ。どんな人にも本来知恵が備わっているという人間観です。

・人間は自分で問題を解決する能力を持っている

人は、自分の力で変容したり、悩みを解決したりする能力を持ち、自分の可能性を自律的に実現していこうとする傾向があるということです。自分のことを一番よく知っているのは自分であり、問題を解決できるのも自分自身であるはずだという人間観です。

ロジャーズは、人にはこうした力が備わっているため、「傾聴」は、相手の力を信頼して行うものだと考えたのです。

これは私の苦い経験なのですが、ロジャーズのいう話し手への信頼が未熟な時期があり、人から何か相談を受けたときには、私が率先して問題解決をしてあげようと、思いつく限りの提案・助言をしていました。

ですが、たくさんのアドバイスをしても話し手はそれを実行に移せないことが多く、私は内心「せっかく助言してあげたのに……」と、無力感に陥ってしまったことがありました。

今思えば、私の考えで助言をする前に、もっと話し手を信頼し、その人の中にある意思、考えを聴き、その中から実行できそうな解決策を選んでいくのを傍らで支援するという方法があったはずです。

今では、その経験を踏まえ、話し手を信頼し、その人が解決策を選択するのを見守っていく立場で支援

図表3-8:ロジャーズの人間観

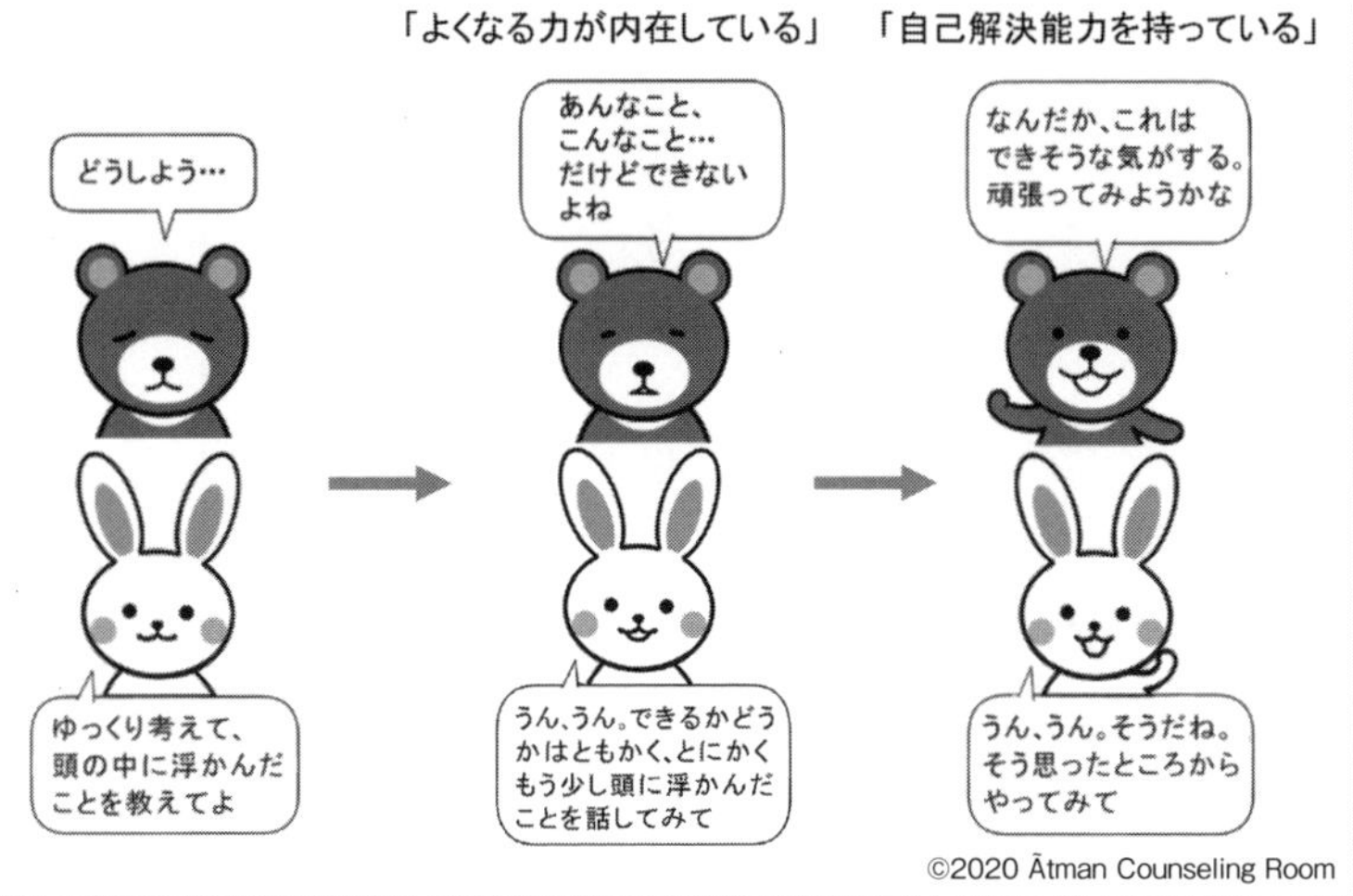
「よくなる力が内在している」
「自己解決能力を持っている」
どうしよう…
ゆっくり考えて、頭の中に浮かんだことを教えてよ
あんなこと、こんなこと…だけどできないよね
うん、うん。できるかどうかはともかく、とにかくもう少し頭に浮かんだことを話してみて
なんだか、これはできそうな気がする。頑張ってみようかな
うん、うん。そうだね。そう思ったところからやってみて
©2020 Ātman Counseling Room

に努めています。

改めて思うのは、**結論を急がず、**話し手が**どうすればよいと思っているのかを、時間をかけて聴いていくことが大事**だということです。

聴き手がゆっくり待つという姿勢を見せると、話し手は「この人は、本気で自分の答えを知ろうとしている」と感じ取ってくれます。そして、自分の中にある答えを熱心に探ろうとし始めるのです。

実は、相談に来る人たちは、たいていいくつかの問題解決策を自分で持っています。

当たり前のことですが、本人以上に本人の置かれている環境や状況がわかっている人はいません。ただ、口に出す前に「こんなことは現実には起こらない」「自分には無理、できない」などと考えすぎてしまい、自分の中で否定して仕舞いこんでいるのです。

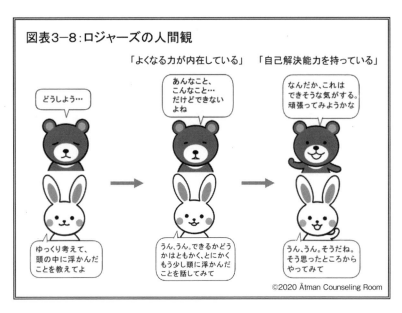

それらの解決策を、たとえ奇想天外なアイデアであっても、いったん全て教えてもらうことが大事です。聴き手は、**自分の考えで提案・助言するのではなく、本人の中にある解決策を共に探っていく**のです。

3-14 「傾聴」の効果

「傾聴」は聴き手側のありようですが、これによって話し手側の気持ちにもさまざまな変化が見られます。本章の最後に、それによる話し手への効果をまとめて紹介しておきましょう。

・信頼関係（Rapport）の成立

自分を理解してくれる存在を感じ、不安や悩みを分かち合える人がいるという安心感を持つことができます。

・カタルシス効果（Cathartic Effect）

安心感により話すことが促進され、心の中に溜まっていたものを吐き出すことができます。このときのすっきりした感覚を**「カタルシス効果」**といいます。

・自己受容効果

聴き手が、自分に関心を示し受け止めてくれると、自ずと自分自身を受け入れられるようになります。

・自己理解効果

聴き手側の応答が鏡のような役割を果たし、自分が言っていることを客観的に捉えられるようになります。その結果、自分に対する洞察が進み、今までずっと気がつかなかった新しい自分と出会えるようになるのです。

・メタ認知効果（Metacognition）

安心して話しているうちに自分に起こった出来事を俯瞰して、客観的にモニタリング・コントロールする**「メタ認知効果」**が生まれ、話し手にそれまで以上のゆとりや冷静さ、新しい考え・態度・行動をもたらします。

・態度・行動変容効果

自己受容がすすみ、自己理解が起こり、自己概念が変容するにつれ、目の前の経験に対して、自己防衛的態度を捨て、素直に受け入れることができるようになります。その結果、態度・行動変容が見られるようになります。

第4章

相手を受け止める「傾聴」のテクニック

4-1 日常生活に活かせる「傾聴」

本章では、「傾聴」の技法について具体的に紹介していきたいと思います。

「傾聴」のテクニックの中から、日常のコミュニケーション場面で建設的な関係作りに必要な技法を選びました。

次にあげた3つだけでも、こちらが一生懸命聴いているということを相手に伝えることができます。

①簡単受容（うなずき、相槌、一語の繰り返し）
②質問
③要約

これらで、**話し手がより話しやすい環境をつくっていくのです**。

職場でも、学校でも、家庭でも、そこには人間関係があり、必ずお互いに影響を及ぼし合っています。

家族はもちろんですが、職場や学校でチームを組んで進める作業があれば、チームワークが重要ですし、高度な専門性を必要とされる職場であれば、専門職同士の連携が必要となり、インシデントや事故を防ぐためのコミュニケーションが欠かせません。

今では「傾聴」によって相手の気持ちを聴き、相手のやる気を引き出し、成長・変容を促すような働きかけが大切だという考え方が普及してきています。
あなたの周囲にも、活用できる場面はたくさんあるのではないでしょうか。

4-2 「傾聴」のテクニック① 簡単受容（うなずき・相槌、1語の繰り返し）

簡単受容については、話し手の認められたい気持ち（承認欲求）を満足させ、相手の発言量を増加させるという効果がずいぶん昔から研究でも示されています。

簡単受容の**短い応答で、相手の話の流れを妨げることなく、相手を尊重し、注意深く話を聴いているという受容的態度を示すことができます。**つまり、ロジャーズのいう「あなたを無条件で受容しています」という態度を伝えることができるのです。

簡単受容は、表情、姿勢、相手へのまなざし、声の調子、身振り手振りなど、非言語的表現（4-6）が加えられることによって、より広く活用できます。

しかし、簡単受容を話し手に示しても、少しでも批判的あるいは否定的な気持ちを持っていると、それは話し手には表面的、形式的なものとして伝わります。第3章で紹介した、傾聴に欠かせない3つの態度（共感的理解・自己一致・無条件の肯定的配慮）をできるだけ忘れず、話し手と向き合ってください。

図表4−1：簡単受容の3つのテクニック

仕事で先輩に気を使って疲れちゃった
うーん、うん。
疲れたんだね…
うなずき
相槌
繰り返し
©2020 Ātman Counseling Room

簡単受容の具体的な方法は次の通りです。

❶うなずき…普段の会話の中で、自分のうなずきのペースと深さをチェックしてみてください。そして、ゆっくり小さくうなずいてみて、相手の話す態度・内容が少し変容するかを試してみましょう。

相手の話のペースによって、うなずきを早くしたり、遅くしたり、大きくしたり、小さくしたりの工夫をして相手に無条件の受容を伝えていきます。

❷相槌…「そうですか」「なるほど」「ほー」「ふーん」「うーん」など、いつも自分はどんなふうに相槌を打っているかチェックしてみましょう。いろいろなバリエーションがあるので、違ったやり方も試してみて話し手の態度や話す内容が

少し変容するかをみていきましょう。

うなずきも相槌も、まずは、話し手の話に沿って無条件の受容を伝え、信頼関係を形成していくことが大切です。

❸繰り返し…相手の話の1語か2語を繰り返します。このとき、できるだけ話し手の気持ちのこもっている語を選んで繰り返すようにしましょう。

例　話し手「仕事は続けていますよ。あれ以来、毎日会社に行っています」
　　聴き手「毎日」
　　話し手「だって、休んだら負けたようで悔しいじゃないですか」
　　聴き手「負けるのは、悔しい」

学生の頃の私は、こうした反応を返さずに黙って真剣に相手の話を聞いていた時期がありました。しかし、そのような無言・無反応の態度は、相手からみると威圧されているようで、話したいことも思い出させなくしてしまうようです。そのことで学校の先生から反抗的な態度だと大変叱られたことがありました。

私自身は真面目に話を聞こうとしていたのですが、そのような態度では気持ちがうまく伝わらないということが、今ならわかります。

4-3 「傾聴」のテクニック② 質問

質問には、話し手を理解するために必要な情報を得る、あるいは話し手の自己探求を援助するためといった役割があります。

また、質問には、聴き手の話し手に対する関心を示すという目的もあり、質問を通じてお互いがわかりあえたとき、信頼関係はより深まります。

聴き手が適切な質問によって話を促すことができると、話し手が水を得た魚のように、心の中にある全てを話すきっかけになることもあるのです。

ただ、それだけに「傾聴」するときの質問の内容には注意が必要です。**聴き手は、自分の興味本位な質問、相手の話の腰を折るような質問を避け、話し手の気持ちに沿った質問をすることが大切**です。

例えば、「新しい服を買った」という話を聴いているときに、「どこで買った？」「いくらだった？」と尋ねたくなるかもしれませんが、これらはあくまで聴き手が知りたい内容であり「傾聴」の質問にはふさわしくありません。

適切な質問は、話し手が感情をより深く表現する手助けとなり、本人の関心のあることや抱えている問題などを明確にしていくものです。そして、聴き手にとっては話し手の準拠枠から理解するための有効な

図表4−2:「閉ざされた質問」と「開かれた質問」

[閉ざされた質問]
新しい服を買ったんだけど
いい服だね。どこで？
駅ビルのお店
へぇー
ホントは返品したいって話したかったんだけど…
会話終了
[開かれた質問]
新しい服を買ったんだけど
うん、うん
実は、返品したいんだ
返品したいんだね。どうしたの？
ほころびがあってね…
会話が続く
©2020 Ātman Counseling Room

情報を得る手段でもあります。

話しにくい内容を話す場合や話の苦手な人に「傾聴」を行う場合など、しばらく沈黙が続いて気まずくなることもありますが、沈黙を避けるために、話し手を質問攻めにするようなことはしないでください。

次々と質問すれば話は続きますが、話し手は質問に答えるだけになり、自ら考えなくなります。これでは話し手が話したいことを話すという役割から外れてしまいます。

また、話し手の自己概念を揺らしてしまうような質問（話し手が自らは話したくない質問）をする場合は、「傾聴」の後半にするなど、「どのようなタイミングで」「どのような質問をすれば話し手が話しやすくなるか」を考えることが重要です。

まずは、今まで意識してやってこなかった、質問の内容とタイミングを見計らうどいうことを試してみてください。

4-4 閉ざされた質問と開かれた質問

前述の「傾聴」テクニック②の「質問」には、実は種類があります。

大きくは「閉ざされた質問」と「開かれた質問」にわかれますが、どちらが良い悪いということではなく、使う状況に違いがあります。

❶ 閉ざされた質問

「はい」「いいえ」や単純な事実で答えられる質問のことです。

皆さんも、試験で「これについてどう思うか述べよ」という設問より、「下記の枠の中から選べ」という設問のほうが楽に答えられるはずです。

閉ざされた質問を使うのは、

・相手が何から答えてよいのか窮して困っているとき
・確認のための情報を得るとき
・相手の状況を確認したり、単純な選択を促したりなど、何かを限定したいとき

・話し手の口が重いとき、精神的な問題を抱えているとき、コミュニケーション領域に発達上の問題を抱えているとき

などが挙げられます。

例　質問「……していますか?」↓応答「はい（いいえ）」

質問「よいと思いますか、悪いと思いますか?」↓応答「よい（悪い）」

質問「その案に賛成ですか?」↓応答「賛成（反対）」

質問「今何時ですか?」↓応答「6時」

質問「お名前は?」↓応答「ナイチンゲールです」

閉ざされた質問は、**話し手に配慮しながら必要な情報を集めていくことができる方法**ですが、多用すると、話の流れが聴き手中心に誘導されてしまいます。

また、次々に質問しすぎると、相手に尋問を受けているような感覚を与えてしまうだけでなく、聴き手も質問することに力を費やして話を聴く余裕がなくなってしまうことがあります。閉ざされた質問の使い方に気をつけて「傾聴」を進めてください。

❷ 開かれた質問

開かれた質問は、**話し手に自由で柔軟な応答を促すことができます。**

開かれた質問を使うのは、

・話し手が自分の内面を見つめ、探索、理解しようとしている段階にいるとき

・話の中の曖昧な点や不明な点を詳しく聴きたいとき

など、相手の内面世界に焦点をあてて質問していきます。

適切に応答を促していくと、潜在意識レベルの答えが得られることもあります。

開かれた質問では、事実・事柄に関して尋ねる「何（What）」という質問より、人間自身に焦点を当てた、「どのように（How）」という質問を使うようにします。

例　質問「最近ご家庭では、いかがですか」→応答「実は、子どものことで……」

質問「お休みは、どう過ごされたのですか」→応答「のんびりと家族で……」

質問「それって、どういうことですか」→応答「詳しくお話しすると……」

「なぜ（Why）」という質問の仕方もありますが、第3章のコラムのように、「なぜ」には、話し手側に批判されているような気持ちを呼び起こし、防衛的にさせてしまう面があるので注意してください。

最後に、閉ざされた質問、開かれた質問、どちらにも共通する留意点を紹介します。

聴き手の興味本位の質問、質問攻め、誘導訊問、思いつきの質問、無関係な質問などは相手の話の流れを邪魔するので避けてください。もちろん、プライバシーを侵害する質問は慎みましょう。

4-5 「傾聴」のテクニック③ 要約

要約は、**聴き手が話し手の話の要旨をまとめて伝え返す**ことです。

相手の気持ちに沿って筋道を立て、簡潔にまとめた内容を伝えることで、話し手が述べた内容を聴き手が正確に把握できているかをお互いが確認できます。そして、この作業によって話し手は「こんなに一生懸命に話を聴いてくれている」と、自分が尊重されていることを実感します。

このほか要約には、話し手のまとまりのない考えや感情の整理をする、あるテーマについての話を終結する、話し手が自分の問題を客観的に見つめ、さらに深く探求できるように促すといった目的もあります。

そのため、次のような場合によく使われます。

・話し手の話したいことが、一段落したとき
・話を始めるとき、終わるとき
・相手が、これからどのように話を続けるか、困惑しているとき
・話にまとまりがなく、わかりにくいとき

・話の内容・流れを確認するとき

特に話の内容や流れを確認する際に、要約はとても重要な機会になります。

具体的には、

「……ということは、……ということでしょうか」

「つまりこういうことですか」

「……のように理解しましたが（間違いありませんか）」

「今考えておられるのは……のように私には思えますが（間違いありませんか）」

などと、話し手に確認します。

自分の話が整理された要旨を聴き手からきかされると、話し手の中に新たな考えや感じ方が生まれてくることがよくあります。それを再び聴き続けます。

これを繰り返すことで話がだんだん深まっていくのです。

以上、「傾聴」の主なテクニックとして簡単で効果がある方法として、①簡単受容（うなずき、相槌、一語の繰り返し）②質問 ③要約の3点を紹介しました。

もっと上級テクニックまで試してみたいという場合は、次のようなものがあります。

「傾聴」のテクニック④ 視線…人は会話の中で相手の感情や態度を理解するために目を見ます。相手からみると自分の話を聴いているサインに受け取られます。

日本人は視線恐怖症が多いと言われ、目を合わせることが苦手という人もいますが、うなずき、相槌をしているときには、自然と相手と目を合せていることも多いので、あまり気にすることはないと思います。視線を合わせるのはたった一秒程度でよいのですが、それでも緊張するという人は、鼻の下と顎の間あたりを見るようにするとよいでしょう。

「傾聴」のテクニック⑤ 物理的場面構成…話し手と聴き手の座る位置にも配慮しましょう。

真正面から顔を合わせるのが緊張するようなときには、視線を自然に外したり合せたりしやすいように、少し角度をつけて座ることを試してみてください。わからなくなったら「直角に座る」と覚えておくと便利です。また、間にテーブルがあったほうが落ち着いて聴けるかどうかも検討してください。

物理的場面の望ましさには、その他、室温、湿度、照明、防音、空間インテリアなどがありますが、まずは聴き手であるあなたが落ち着ける場であるかを感じ取ってみてください。

「傾聴」のテクニック⑥事柄への応答

話し手の話した事柄（出来事、状況など）を短いキーワードとして伝え返します。

「傾聴」のテクニック⑦感情への応答

話し手の「今、ここで」の感情表現（喜怒哀楽、快・不快、葛藤など）から短いキーワードを捉え、それを伝え返します。

「傾聴」のテクニック⑧ やさしい、あたたかい言葉かけ…やさしい、あたたかい言葉かけは、コミュニケーションの場の醸成に役立つものです。

ただ、話し手を受容しようという態度であれば、意識しなくても自然とできているものです。ある研究では、社会的スキルのなかでも、やさしい言葉かけは、抑うつを低減させることが報告されています。

コラム あたたかい言葉かけ

近年、小中学校でも「ソーシャルスキル（社会の中で良好な人間関係を築いていく力）」教育が取り入れられるようになっています。その一環に「あたたかい言葉かけ」のトレーニングがあります。

「あたたかい言葉」とは、相手を肯定し、嬉しい気持ちや元気を湧き起こす言葉で、「ほめる」「励ます」「心配する」「感謝する」などの種類があります。

「ほめる」
さすがだね　いいね　すごいなぁ　偉いなぁ　よくやったね　など
「励ます」
あなたならできるよ　頑張っているね　いいぞ、その調子！　楽しみにしている　など
「心配する」

大丈夫？　調子はどう？　大変そうだね　一人で平気？　など

「感謝する」

ありがとう　あなたのおかげ　すごく助かった　なんとお礼を言えばいいか　など

学校で行われる「あたたかい言葉かけ」トレーニングでは、子どもたちが設定されたシチュエーションの中でお互いに声を掛け合い、言語によるコミュニケーションと、非言語（身振りや手ぶり、表情など）によるコミュニケーションの重要性も学びます。

4-6 「傾聴」で重要な役割を担う非言語表現

簡単受容のうなずきや相槌は、聴き手の身振りや手振り、視線などによって、話し手が受ける印象はずいぶん違うものです。実際のコミュニケーションでは、非言語による表現も重要になります。

心理学者メラビアン，A.（Mehrabian, A.）は、メッセージの送り手からの言語と態度・行動に矛盾が生じたとき、どのメッセージから影響を受けるかについて、次のような割合であったと報告しています。

言語（Verbal）は7％

非言語（Nonverbal）は93％

図表4−3：メラビアンの法則

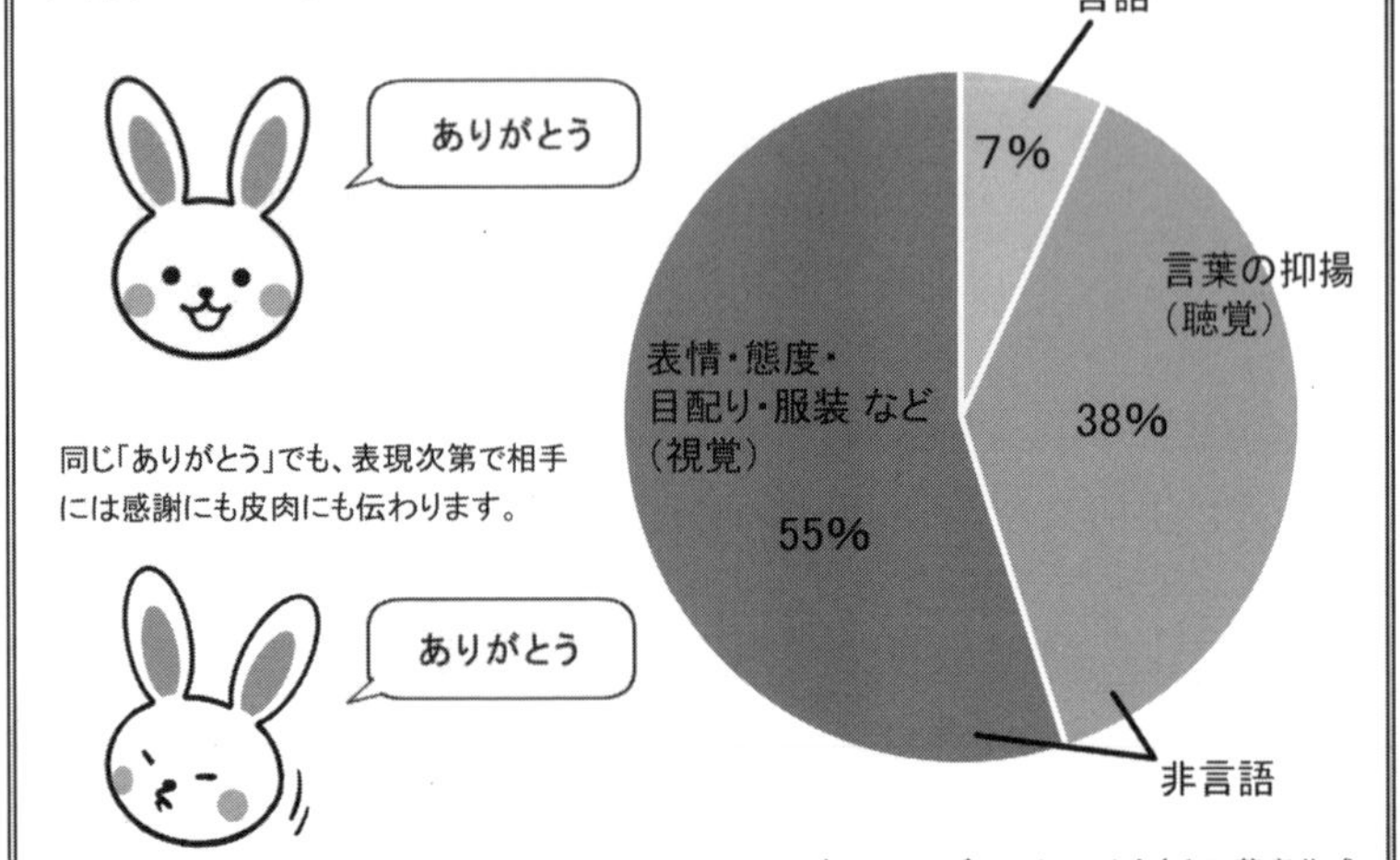
ありがとう
ありがとう
同じ「ありがとう」でも、表現次第で相手には感謝にも皮肉にも伝わります。
言語
7%
言葉の抑揚（聴覚）
38%
表情・態度・目配り・服装 など（視覚）
55%
非言語

アルバート・メラビアン（1971）をもとに著者作成

非言語のうち38％がことばの抑揚（Vocal）55％が表情、態度、目配り、服装など（Visual）

これが拡大解釈され、「見た目が9割」という俗説のもととなっているそうですが、メラビアンが言っているのは、「相手の言語内容と態度・行動が矛盾していた場合、人は93％の非言語表現から推し量る」ということなのです。

つまり、**人は言葉以外からも情報を読み取っている**ということです。

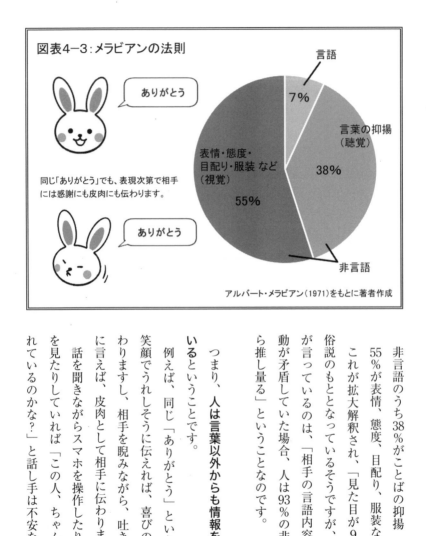

例えば、同じ「ありがとう」という言葉でも、笑顔でうれしそうに伝えれば、喜びの気持ちが伝わりますし、相手を睨みながら、吐き捨てるように言えば、皮肉として相手に伝わります。

話を聞きながらスマホを操作したり、他の書類を見たりしていれば「この人、ちゃんと聴いてくれているのかな？」と話し手は不安な気持ちになります。これではとても「傾聴」とはいえません。**「傾聴」の際には、「あなたの話を真剣に聴いています」ということが伝わるよう、非言語表現も大いに活用してください。**

4-7 ペアを組んで「傾聴」を体験してみよう

本章では「傾聴」のテクニックを説明してきました。

ある程度理解を進めることができたと思いますが、実際の場面に活かすのはなかなか難しいものです。

あなたの生活の中で、うなずき、相槌、1語の繰り返しのうち、一つを試すことから始めましょう。

たった一つでは、簡単過ぎて物足りないと思うかもしれませんが、その瞬間から話し手にもきき手にも変容が生じていきます。それが毎日続けば、1週間、1カ月、1年で、以前の自分がいた場所とは全く違う場所に到達します。これは、すごいことだと思いませんか。

まず、ここでは、①簡単受容　②質問　③要約を使って、その時自分の心に湧いてくる感情を体験してみます。

〈ワーク〉きき方の違いを味わってみよう

1回目

ペアで3分間ずつ、「全くの無反応できく・話す」を実施します。

・きき手は横向きで、石になったつもりで、声は発せず、無表情で、うなずきはもちろん、何の反応も示さないようにします。
・話し手は、話の内容は何でもよいので、きき手の横顔に向かって一方的に話し続けます。
・3分間経ったら交代して同じことを実施します。
・終わったら、ペアで感想を話し合いましょう。

〈振り返り〉

私の経験では、いつも終了の合図とともに「わっー」という声が上がります。実際にやってみると、一斉に緊張が解放されるのが、わかると思います。

無反応の人に向かって話す大変さと、無反応をし続ける大変さを実感して心に留めおいてください。

皆さん、今までの人生でこんなことは経験がない！　と思ったかもしれません。でも、親に何かおねだりをしたときにこんな態度で返された経験はなかったですか。

2回目

ペアで3分間ずつ、「うなずき（声は出さずに）できく・話す」を実施します。
・お互いに正面に向き合いますが、きき手は声は出さず、うなずきと、自然にでてしまう表情程度で反応を返します。

・話し手は1回目と同様、話の内容は何でもよいので、きき手に向かって話します。
・3分間経ったら交代して同じことを実施します。
・終わったら、ペアで感想を話し合いましょう。

〈振り返り〉

1回目と比べてどういう気持ちになりましたか。

きき手の多くは、話し手に反応を返したり、自分の顔の表情を動かすことができるのを楽に感じるようです。話し手も1回目より話がしやすくなるようです。その楽な感じを心に留めおいてください。

ただ、正面から向き合うと視線が煩わしくなる人もいます。その場合、その気づきを大切にして、座る角度を工夫する等、日常に活かしてください。

このほかにも、振り返りの中で得られた気づきがたくさんあるはずです。それを大事にしてください。気づきが少ないようでしたら前述のテクニックを解説したページを見ながら振り返ってもよいでしょう。

3回目

ペアで3分間ずつ、「相槌と1回の質問できく・話す」を実施します。
・お互いに正面向きで、きき手はうなずきと「はい」「ええ」「うん」などの相槌で応え、表情は自由に表すことができます。

・3分間に一度だけ、質問ができます。つまり、今回は、きき手は、相槌と1回の質問のときのみ声を発することができる。それ以外では、声を出さないようにします。
・話し手は1回目と同様、話の内容は何でもよいので、きき手に向かって話します。
・3分間経ったら交代して同じことを実施します。
・終わったら、ペアで感想を話し合いましょう。

〈振り返り〉

1回目、2回目と比べてどういう気持ちになりましたか。

初めてきき手の応答に音声がつき、話し手からは、これが一番話しやすかったと言われることが多々あります。その楽な感じを心に留めおいてください。

同時に、きき手側は、相槌だけでは物足りなくなり、自分たちももっと話したいという声が多く聞かれます。きき手も話したくなるのです。

実は、この実感はとても大切な気づきといえます。話し足りないと感じるということは、普段の生活で、人の話をきいているつもりで、自分のことを話しているのかもしれないことに気づかせてくれます。その気づきを大切にして、おしゃべりを楽しんでいるときに、自分がどれくらい話したり、きいたりしているのか、たまに注意を向けてください。良い悪いではなく、ただ素直に気づきを受け止めましょう。

このほかにも、振り返りの中で得られた気づきがたくさんあるはずです。それを大事にしてください。

〈全体の振り返り〉

3回の練習を終えたら、お互いの話を要約して相手に伝え返してお礼を言って終了。3つのきき方で得た実感をみんなで共有してみましょう。

このワークではうなずき、相槌、質問、要約の練習をしました。

何度も言いますが、きき方が良い悪いというより、この章でお伝えしたテクニックの基本をもとに、自分の個性を活かした傾聴スタイルを見つけることがポイントです。それにより、ソーシャルスキルが高まり、ますます人と楽しい時間を過ごしていくことができていくでしょう。

第5章

爽やかな人間関係を目指すアサーション

5-1 目指すのは、お互いが「OK」であること

ここまでに人間は、人との関りがあってこそ生きられる存在であること、「自分」と「他者」の概念と「自己受容」「他者受容」についてみてきました。また、相手を理解するために最も大切な「傾聴」について学びました。

この章では、「相手の言うことをきちんと傾聴し、相手を尊重した」うえで、「自分の言いたいことをきちんと表現」して、お互いの納得感をみつける方法を紹介していきます。

それぞれが、利益を得ることを目指して話し合うことは、一般には交渉、取引といわれます。交渉、取引というと、できるだけ自分の主張をとおし、こちらの損になる相手の要求はできるだけ相手に思いとどまってもらう、そんな状況を想像します。

しかし、この考え方でいくと、自分が得をすれば相手は損をし、相手が得をすれば自分は損をするということになりますから、どちらかが損をすることになります。このようなとき「仕方がないから、お互い少しずつ損をする」ことを合意点とすることは、日常生活でもよくあることでしょう。

しかし、果たしてそれが、コミュニケーション場面であなたの真に望んでいることでしょうか。

私たちが目指すのは、お互いに少しずつ損をして不満感を抱きながら合意点をまとめるようなことではなく、お互いに納得感が得られることではないでしょうか。もめごとを恐れずに話し合い、お互いが納得した結果であれば、おのずと合意点もついてくるはずです。

このほうが気持ちにしこりが残らず、格段に気持ちがよいのではないでしょうか。その感覚を本章のタイトルでは「爽やか」と表現しています。

では、お互いが納得できる感覚を見つけていく方法はあるのでしょうか。

精神科医のバーン，E．(Berne, E.) は、**交流分析**（ＴＡ：Transactional Analysis）という自己分析の方法として、人生には次の４つの基本的な構えがあると述べています

・私はＯＫである、あなたはＯＫである
（私は大事な存在である、あなたは大事な存在です）
・私はＯＫである、あなたはＯＫでない
（私は大事な存在だけど、あなたは大事な存在ではありません）
・私はＯＫでない、あなたはＯＫである
（私は大事な存在ではないけれど、あなたは大事な存在です）

・私はＯＫでない、あなたはＯＫでない
（私は大事な存在ではない、あなたは大事な存在ではありません）

基本的な構えとは、「自分」と「他者」に対して自分がどういうスタンスかということです。また、ここでいう「ＯＫ」という言葉は、それぞれのシチュエーションによってさまざまな状態を示します。我を通すことがＯＫではありませんし、大きく譲歩したとしてもＯＫなこともあります。必要なのはお互いが納得するというプロセスなのです。

また、バーンは、人がどの構えを基本とするかは子どもの頃に養育者や周囲との触れ合いの中で形成されるものだとし、その後の自分の人生の脚本も、子どもの頃に形成された構えを基本に構成していくと述べています。

つまり、私たちは、知らず知らずのうちに「自分はこんな人間で、この先このように生きていくのだろう」という道筋を描いているのです。

このように書くと、誰もが「それなら、『私はＯＫである、あなたはＯＫである』という脚本がよい」と思うでしょう。

ところが、実際にはそれ以外を選択している場合が多く、成長するに従って態度や行動に大きな影響を与えることになります。

例えば、「DV（ドメスティックバイオレンス）の彼と別れようと思うのに、結局、また付き合ってしまう」とか、「言うまいと思いながら、余計な一言で相手を傷つけてしまう」など、次は違う道を選択しようとしながらも、最後には自分の選択している基本的な構え（ここでは「私はOKである、あなたはOKである」以外の構え）に戻ってしまうのです。

交流分析では自分を振り返りながら、自分がどのような人生脚本を選んでいるかに気づき、「私はOKである、あなたはOKである」ことを目指していきます。

私たちが生きていく上では、人との関わり合いは不可欠です。それだけに、物事を円滑にしようと自分を抑えたり、頑張りすぎたりして、燃え尽きてしまう人が多いことは、交流分析の言葉を使えば、「私はOKでない」ということになります。

本章では、「自分はOK、他者はOK」というコミュニケーションについて考えていきます。

5-2　自分を尊重し、相手を尊重するアサーション

気のおけない友達とおしゃべりしている時間は、本当に楽しいものです。

夢中になって時間が経つのを忘れてしまったという人もいるかもしれません。

誰とでも、いつでもこうした楽しいコミュニケーションがとれたらよいのですが「売り言葉に買い言葉」で言い合いになる。気まずい思いをするなど、現実はそううまく運びません。人と揉めたくない、物事をスムーズに進めたいという思いから、言いたいことを我慢したという経験をお持ちの人もたくさんいるのではないでしょうか。

ただ、本書の冒頭からお話ししているとおり、我慢をしてばかりいるのは、心身共に決して良い状態とはいえません。

そこで、ここでは周囲とうまく人間関係を築いていく一つのソーシャルスキルとして、「アサーション」についてお話ししていきます。


「アサーション」は、自分の考えや気持ちを尊重しながら、相手の考えや気持ちも大切にするコミュニケーションの方法です。

「自分も相手も大事にするって、どういうこと？　そんなことができるの？」

と思われるかもしれません。

何しろ大抵の場合は、自分の主張を押し通すと、相手とぶつかってしまうため、お互いの気持ちを尊重し合うのは難しいと考えるのも無理はありません。

ですが、状況に適した方法や、相手に接する際のコツを覚えていくと、自分も相手も大切にしたコミュニケーションをはかっていくことができるのです。

「アサーション」は、1950年代にアメリカで生まれた概念で、その後、アメリカの女性をはじめマイノリティーの権利拡張運動の広がりとともに浸透していったものでした。単に、人と人とのコミュニケーションを円滑にするソーシャルスキルというだけでなく、人間としてのもっと奥深い考え方がベースになっているものなのです。

私が教えている学校の生徒さんだけでなく、本書の読者の中には、看護職、介護職、心理職、教育職、コンサルティング職など、仕事をしていく上で多種多様な人たちとコミュニケーションをとる必要のある人がたくさんいると思います。

このような職業に就く人たちは、誰かの役に立ちたいという気持ちを持っている人が多く、実際にサービスを提供することに満足感や充実感を覚えます。

しかし、その一方で、相手のために自分が我慢する、無理をしてでも相手を助けようとするなど、自分で自分を追い込み、バーンアウトしてしまう人が多いのも事実です。

高い志を持って仕事に就いた人たちが、人間関係で疲弊して辞めてしまう前に、自分も相手も大切にする「アサーション」というソーシャルスキルを学ぶことで、人間関係のストレスを軽減するコツを身につけ、自分への自信を失うことのないようにしていただけたらと思っています。

5-3 アサーションを身につける3段階

さて、このように書くと、「アサーション」がとても特別で、難しいことのように思われるかもしれませんが、そんなことはありません。

ベースにある考えは、「自分」が何を感じているのかということをしっかり感じ取り、表現していくことです。そして「相手」も同じようにすることができることをしっかり理解し、受け入れることです。すでに本書の第2章と3章で、自分を受け入れること（自己受容）、相手を受け入れること（他者受容）は説明しました。「アサーション」はそれらを踏まえて、自己表現するということです。

最初からすんなりとはいかないかもしれませんが、実践を重ねるうちにだんだんと「こういうことかな」という感覚が身についてきます。

3つの段階がありますので、気負わずに踏み出してみて、徐々に「アサーション」のスキルを身につけていきましょう。

1　自分が伝えたい気持ちは何かを確かめよう

誰とでも上手くつき合っていかなくてはという思いから、つい自分を抑えがちになる人が多いのですが、「アサーション」の考え方では、誰もが自由に自己表現をする権利があるとしています。「こんなことを言ったら、雰囲気が悪くなるかも」と言葉を飲み込むのではなく、まず「私はこういう気持ちなんだ」と自分自身が受け止めることが大切です。

また、相手が強い口調で言ってきたときに、こちらもつい強い口調でやり返してしまったり、あるいは、相手に自分が叱られていると感じ、全責任は自分にあるかのようにしゅんとして何も言えなくなってしまうことがあります。

実は、ここにも自分を見失う落とし穴があるのです。

相手にやり返すのも落ち込むのも、全て相手が発した刺激に対する反応、リアクションなのですが、**私たちは、この反応を自分のありのままの気持ちと誤解してしまうことが多いのです。**

家族療法家のラバーテ，L.（L'Abatet, L.）は、相手に対する反応・姿勢を「ARCモデル」として理論化しました。

ARCモデルとは、次の３つの段階を念頭に置いた概念です。

Rはリアクティビティ（反応性）の略で、繰り返されるパターン、条件付けられた、定型化された反応パターン、つまりリアクションのことをいいます。

リアクティビティとは逆に反応パターンがなくなってしまう状態をAのアパシー（無感動）といい、相手との関係を瞬間的に捉え、それに関わる事情をふまえて創造的かつ建設的に関係を改善していく姿勢がCのコンダクティビティです。

ここでは、やり返したり落ち込んだりするのは、Rのリアクティビティによるものであることを知っていただければいいでしょう。

そのときに口から出た言葉は、本当に自分が言いたい気持ちであり、伝えたい思いだったのでしょうか。相手に怒鳴られて腹が立ったり悲しくなったりする反応をそのまま返しているのは、あるがままの自分の気持ちではなく、本当は相手の反応に誘われているだけだったとは考えられないでしょうか。

そのことを自分自身でよく確認してみてください。その上で「本当の気持ちを相手に伝えてよいのだ」と、見えない縛りから自分を解いてあげましょう。

すると、次の「その気持ちをどう伝えればよいか」というセカンドステップが見えてきます。

2　その気持ちをどう伝えればよいのか

自分の考えや気持ちを素直に伝えるといっても、ただやみくもに「絶対こうだ」とか「こうあるべき」

と、一方的な会話のボールを投げれば、それが正論であっても、いえ、正論であればあるほど、相手としてはすんなり受け止めがたく、反発したい気持ちになったりします。

自分が投げたボールを相手がどう受け止め、どんなボールを投げ返してくるかをはかりながら、伝え方にも工夫することが大切です。

「相手の気持ちなんてわからない。難しすぎる！」と思うかもしれませんが、慣れないうちは、できるだけあたたかい言葉がけや、相手が返事をしやすい伝え方を心がけるようにすれば十分です。

キャッチボールのコツについては、第10章で紹介します。

3　伝えた後に振り返ってみよう

自分の思いを相手に伝えた結果を、振り返ってみてください。自分自身が納得のいく結果になったでしょうか。また、自分は納得したとして、相手の人はどうでしょうか。「アサーション」は、自分と相手、お互いの納得感を目的にしています。その結果に至っていない場合は、他にも伝え方があるのかもしれません。

「アサーション」のスキルがうまく使えるようになると、たとえお互いに違いがあったとしても、双方が納得のできるところまで歩み寄ることができるようになります。

どちらも納得しているので、話し合ったあとはすっきりとして、人間関係を悪くすることなく、より良い合意点を得ることができるはずです。

この章のタイトルどおり爽やかな人間関係を実現できれば、自分の立ち位置が変わり、今いる世界の見え方がきっと変わります。

5-4 あなたのアサーション度は？

では、日常で「自分も相手も大切にする」というコミュニケーションを、どのくらい実践しているものでしょうか。

ここで、一つ質問です。

あなたが昼食をとろうとレストランに入ったときのことです。お店はとても混んでいましたが、無事席に着くことができ、注文しました。

しかし、しばらくすると、注文とは違うお料理が運ばれてきたとします。

こんなとき、あなたはどうするでしょうか。

① 店員さんも忙しそうだし、私が黙っていれば揉め事にならないのだからと、そのまま黙って運ばれてきた料理を食べる。

②「私はちゃんと注文をしたのに、どうして違うものを持ってくるの！」と怒り、「早く料理を作り直

図表5−1：あなたのアサーション度は？

①
②
③
定員さん忙しそうだし
…揉めたくないから、
このまま食べよう
なんで違うものを
持ってくるの！！
作り直して！
注文と違うようなの
で、替えていただけ
ますか？

してよ！」と、注文どおりの料理を運んでくるように命令する。

③「忙しいときにすみませんが、これは私が注文したお料理とは違うようです。お手数ですが確認して、替えていただけますか」と申し出る。

どの答えが正しい、正しくないということではありませんが、客観的に見れば、「自分も相手も大切にする」という点で、③がいちばん「アサーション」度が高い対応だといえます。あなたの答えはいかがでしたか。

5-5　自分の中には3つのタイプがいる

前述の質問で、回答に選択肢があったように、相手に見せる態度はさまざまです。

先ほどはレストランの場面を想定していましたが、同じようなことを別のシチュエーションで考えてみましょう。

例えば、職場の先輩や後輩との間で次のようなことが起こったら、どうするでしょうか。

・職場の後輩に作業を依頼したところ、不注意にも違うことをしていた。

・職場の先輩に作業をお願いしたところ、期待していたこととは違うことをしていた。

相手がなんでも言いやすい後輩なら、「どうして、ちゃんとやってくれないの！」と文句を言うかもしれませんが、相手がちょっと怖い先輩だったら同じように文句を言うでしょうか。

どちらも相手に頼みごとをするという点は同じでも、そのときのシチュエーションや相手のパワー、相手との関係によって、私たちの自己表現の仕方は変わってくるものです。

よく「私って、気が弱いから」と言っている人が、周りの人から「あなたは、すぐにカッとなるよね」と矛盾した評価を受けることがあります。

その人がいつも同じ反応をするわけでないことは、目の前の人が先輩であるか、後輩であるかの例から

図表5−2：自分の中には3つのタイプがいる

アサーティブな自己表現	ノンアサーティブな自己表現	
	非主張的自己表現（気弱タイプ）	攻撃的自己表現（強引タイプ）

相手に配慮しながら、自分の気持ちを伝え、お互いが納得する合意点を目指している。	「私さえ黙っていればいい」「どうせ私なんて」という受身のタイプ。物事の決定をいつも自分以外に委ねている。	「私はこうしたい」「あなたは、こうしてくれるべきだ」と、我が強く、意見が通らないと威圧的になってしまう。

©2020 Ātman Counseling Room

もおわかりでしょう。つまり、私という一人の人間の中に、いくつかのタイプの自分がいるということです。

「アサーション」では、こうした自己表現のタイプを、**「アサーティブな自己表現」**と**「ノンアサーティブ（アサーティブでない）な自己表現」**に分け、さらに、「ノンアサーティブな自己表現」を**「非主張的自己表現」**なタイプと**「攻撃的自己表現」**の二つに分けています。

本書では、わかりやすく「非主張的自己表現」を**「気弱」なタイプ**、「攻撃的自己表現」を**「強引」なタイプ**として説明していきます。

また、「強引（攻撃的）」なタイプでありながら、一見攻撃的に見えない「受動的攻撃」という態度・行動もありますが、こちらは別途説明します。

「アサーティブ」「気弱」「強引」の言葉だけでイメージするのは難しいため、次項から、それぞれのタイプについて説明していきます。

5－6　気弱なタイプ（非主張的自己表現）

先ほどのレストランの場面①のように、間違えたお料理が運ばれてきても、黙って受け入れてしまうような態度を示すのがこの「気弱」なタイプです。図表5－3のセリフを左から右へ読んでみてください。**相手の立場や都合を優先して自分のことは後回しにして**しまい、「別に私のことなんていいから（あなたの意見に従います）」「黙っていれば揉めることもない」という考え方が態度・言動にも現れています。

周囲との関係性を重んじる日本では、衝突を避けるために、「余計なことは言わないほうがよい」と考える傾向が強いように思います。

子どもの頃からしつけの厳しい養育環境にあると、自分の気持ちを抑え、相手に合わせることに慣れてしまい、自分自身の気持ちがうまくつかめなくなります。

「どうせ私なんか」とか「私さえ黙っていれば」という受け身の日々を過ごしていると、いつも物事の決定を自分以外に委ねているため、自分に自信が持てず、どこか卑屈な態度になります。

そして、我慢し続けることでさらにストレスがたまってしまうのです。

図表5–3：気弱なタイプ

ランチ、
イタリアンに
しようよ
えっ！
うーん
ピザに
しようよ!!!
昨日も
ピザだった
けど…
うん
©2020 Ātman Counseling Room

人とのコミュニケーションの中で、「自分の気持ちがわからない」と感じたら、まず自分の気持ちをモニタリングするところからはじめてください。アサーションでは、「自分を大切にする」という自己受容の姿勢もとても重要です。

人というのは、自分の準拠枠の範囲でしか物事を考えられないものです。

つまり、自分を大切にできていない人は、他の人に対しても無意識に同じことをしてしまいます。

相手に従うというのは、一見相手を優先し、大切にしているように見えますが、実際には心から受け入れているわけではなく、自分にも相手にも、その他の人にも不誠実な対応といえるでしょう。

あなたにも、こうした気弱な面はないでしょうか。

自分をストレスから解き放ち、爽やかな人間関係の中で日々を過ごすためにも、本書の中で紹介するスキルを覚えて自分の気持ちを伝えることを心がけていきましょう。

はじめは、人から言い返されるたびに気持ちがぐらつくかもしれませんが、身につけて習慣にするというのは、誰にとっても〝3歩進んで2歩下がる〟ようなものなのです。

5-7 強引なタイプ（攻撃的自己表現）

次に、レストランの場面②のように怒った態度をとる、「強引」なタイプもあります。

気弱なタイプとは全く逆に、**自分の気持ちや考えを優先し、相手のことを二の次にしてしまいます。**

図表5-4の左の会話から右の会話に移るような展開になっていくのです。

「私がこうしたい」「あなたは、こうしてくれるべきだ」という主張が強く、それを通すため「あなたの思いは、私には関係ない」と、相手の気持ちを軽んじたり、無視したりしてしまうところがあります。

また、自分の意見が通らないと、相手をにらんだり、大きな声で相手を怒鳴ったりして、威圧的な態度をとってしまうのも、強引なタイプの特徴です。

昔のガキ大将には、こういうタイプがいたものです。暴れん坊で、周りの子どもたちを子分のように従えて、あれこれ命令するような存在。あなたの周りにはいなかったでしょうか。

同様に、本人に悪意はなく、威圧しようとするほどでなくても、全く周囲の意見を聞かずに自分勝手に

図表5—4：強引なタイプ

ランチ、
イタリアンにしようよ
今日は、
和食がいいな
絶対イタリアン
食べたい！
いいじゃない！
えー
©2020 Ātman Counseling Room

行動したり、自分にとって都合のよい要求ばかりしたりするのも、この強引なタイプに入ります。

自分の気持ちや考えを押し付けて、相手を従わせてしまう言動は、「アサーティブ」ではありません。自分は気持ちがよくても、相手は大きなストレスを抱えているはずです。

ちなみに、このように強気な言動を取るのは、相手より優位に立ちたい、相手を支配したいという気持ちの表れとも考えられます。本人は気づいていないかもしれませんが、その根底には、自分が攻撃されたくない、傷つきたくないという、防衛的な気持ちが働いているのです。あなたにも、こうした強引な面はありませんか。

5-8 実は、気弱なタイプと強引なタイプの2つはコインの裏表の関係

「気弱（非主張的）」タイプで「私なんか、どうせ」と思って生き続けていると、生きていることに自信が持てず、不安が広がり、生きていても仕方ないといった抑うつ状態へのプロセスをたどります。

しかし、気弱で相手のいうことに言い返せずにいる人でも、ずっと相手に合わせて控えめでいることはできません。前述の抑うつ状態にならないとしたら、自分より弱い相手に強い言葉で八つ当たりしたり、皮肉や嫌味やいんぎん無礼なことを言ったりして、「強引（攻撃的）」な態度をとるようになります。

例えば、ご主人の前では、なんでも「はい、はい」と静かに従う奥さんが、自分の子どもに対しては、「なんでできないの？　お父さんの機嫌が悪くなるじゃない！」と、子どもを強く叱ったりするのも、一人の人の中に、気弱と強引が存在しているということです。

気弱と強引は一人の人間のコミュニケーションパターンにおいてコインの裏表の関係にあります。真の自尊感情（第2章参照）を持っていないので、例であげたように場面や相手によって態度が変わるのです。

5-9 自分を守るために相手を間接的に責める「受動的攻撃性」

「コインの裏表と言われても自分はずっと受身で非主張的な気弱タイプのコミュニケーションだけをし

てきた」と思われた人もいるかもしれません。しかし、攻撃している意識はなくても、相手を無視、否定するような態度や行動をとったりして、相手を攻撃することがあります。

このように、間接的な方法で相手を攻撃することを「受動的攻撃性」といいます。

「受動的攻撃性」の特徴は、自分を攻撃した相手にやり返すという点です。

例えば、職場にいつも頭ごなしに怒る上司がいたとします。部下が自分の意見を言おうとしても、理屈で言い負かされてしまいます。

あるとき、その上司から面倒な作業を指示され、慣れない部下は「早くやれよ！」と怒鳴られてしまいました。

さて、この部下はこのあと、どのような態度をとるでしょうか。

上司に向かって「そんなこと言われても、できませんよ！」と怒りや不満をぶつけるかもしれませんし、その気持ちを飲み込んでしまうかもしれません。

後者のように相手に気持ちや意見を言い返せない部下は、自分で自分を守る手段として意識せずに「受動的攻撃行動」をとるようになります。

無口になり相手を無視する、わざと作業を怠ける、落ち込んだようにぐずぐず動くなどの態度や行動によって、相手を困らせて、自分の気持ちと折り合いをつけようとするわけです。

世の中には、いつも受け身でいるように見えて、相手を「いつも気が滅入ってくる」「なんとなく自分が悪いことをしたような気になる」ように仕向けてしまう人がいます。

もし、あなたが長続きする良い関係を持てないというような状況にあるとしたら、無意識のうちに「受動的攻撃行動」をとっているのかもしれません。その状況に悩み、抜け出したいと思っているなら、専門家のアドバイスをもらうのも一つの方法です。

5-10 アサーティブなタイプ

いよいよ「アサーティブ」なタイプです。

レストランの場面③のように、**相手に配慮しながら、自分の気持ちを伝えるというタイプ**。すなわち、図表5-5の左から右へ会話が移っていくように、お互いが納得するコミュニケーションが図れているという状態です。

アサーティブなタイプは、気弱なタイプのように「どうせ、私なんか」と諦めず、強引なタイプのように「こうすべきだ」と、威圧的に押し付けることもしません。全く次元が違うタイプのコミュニケーションです。

「(傾聴後に) あなたの意見はよくわかりました。それを踏まえて、私もあなたも納得できそうなこの新

図表5–5：アサーティブなタイプ

今日は、
何食べたい？
私は、イタリアンかな
私は、
和食がいいな
じゃあ、両方食べられる
フードコートに行こうか
いいね！

しい案はいかがでしょうか」と、相手としっかり向き合いながらも、積極的に自分の考えていること、感じていること、価値観・欲求といったものを素直に表現します。

そして、相手との間でお互いが納得するまで、面倒くさがらずにやり取りを続けるのです。これが自分を大切にしながら相手を大切にする、**「私もＯＫ、あなたもＯＫ」**という姿勢です。

もちろん、最初からスムーズにはいかないかもしれません。

人は一人ひとり違った感じ方、意見、価値観を持っているので、食い違いがあって当たり前です。

それでも、「自分はどうしたいのか」「相手はどう思っているのか」を大切にして話し合っていくうちに、相手を理解しようとする姿勢が、必ず相手に伝わります。そうして信頼関係が深まれば、お互いの納得できる気持ち、合意点に近づいていく可能性が高まります。

とは言えメモ

自分も相手も大切にしながら、お互いが納得できる気持ちに達するのは、そう簡単ではありません。それは時間とエネルギーと少しの勇気が必要になります。一度、成功体験を手に入れると実感できますが今すぐには、「そんなこと面倒くさくて、私にはできない」と思うかもしれません。その逃げようとする気持ちに耐え、踏みとどまる力（耐性）を身につける方法はあります。以降の章で紹介していきますので、それらを学んだ上で、再びアサーションに挑戦してみてください。

5-11 あなたにはその権利がある

自分も相手も大切にする「アサーション」は、まずは、「自分を表現してよい」ことを自分が自分に許すことから始まります。

これは、誰もが持っている基本的な権利でもあります。

『自己主張トレーニング』の著者であるアルベルティ，R．E．（Alberti, R.E.）と、エモンズ，M．L．（Emmons, M.L.）は、「人は誰もがアサーティブになる権利をもち、アサーションは平等な人間関係を促進する技術である」と述べています。

実際に、アサーション権には百ほどの種類があるようですが、ここでは基本的なアサーションの権利を、『アサーショントレーニングファシリテーターガイド』の著者、ケリー，C.（Kelley, C.）が紹介している項目の中からピックアップしました。

「私が発言してもよいのかな？」と迷ったり、「相手の話など聞きたくない」と心を閉ざしそうになったりしたときは、この権利を思い出してください。

皆が対等であるというルールのもとでこそ、自分も相手も大切にできるのだと思います。

基本的アサーション権

① 誰もが「アサーション権」を行使してよい

「アサーション」というコミュニケーションの技術を行う権利を、誰もが有しているということです。まず、そのことに気づくことが大切です。

② 誰でも成功してよい

これは、あなたが成功することを保証するということではありません。

もし、あなたが周囲の人よりも優れていたり、何かをうまくできているとしたら、たとえ周りができていなくても、あなたまで成功を諦めることはありません。

あなただけ成功してもよいのです。

③ 誰でも頼まれごとを断ってよい

人から依頼されたことを引き受けるのも、引き受けないのも自分の気持ちで決めてよいということです。たとえ周囲からどのように言われても、断ることができます。

ただし、これは相手にも言えますから、もし相手に何か頼みごとをしたとしても、断られる可能性があるということも同時に知っておく必要があります。

④ 誰でも失敗し、それに責任を持ってよい

人間は完璧ではありません。そのため、いろいろな失敗（人為的な失敗）をすることもあります。しかし、これも私たちの「人間である権利」なのです。

そして、失敗したことに責任をもつことができます。失敗を何度でもやり直し、成し遂げれば、それに自信を持ってよいのです。

⑤ 誰でも支払いに見合ったものを求めてよい

誰でも買い物をしたり、何かのサービスを利用したりすれば、その対価をお店に支払います。買った品物が壊れていたりサービスが十分でなかったりしたときには、支払いに見合ったものを要求してよいのです。

相手と揉めたり、ケンカになったりするのは避けたいからと、そのままにしてしまう人もいますが、気

弱にならず、アサーティブな姿勢で相手にあなたの要求を伝えてみましょう。

⑥「アサーションをしない」ことを選択してよい

「アサーション」のスキルを身につけたからといって、いつでもそれを活用しなければならないということではありません。

相互理解を深めながら話し合うのは、時間もエネルギーも必要とするものです。相手に対して自分がそれだけ投資する価値を見い出せない場合や、相手が危険を感じさせる存在（例えば、反論すると暴力を振るわれてしまう可能性があるなど）の場合には、「アサーションをしない」を選ぶことができます

そして、「アサーション権」で忘れてほしくないのは、自分に対して認められていることは、相手にも認められているということです。

相手の誘いをあなたが断ってもよいように、相手にもあなたの誘いを断る権利があります。自分はすんなり断りたいけれど、相手から断られるのは腹が立つというのでは平等とはいえません。

アサーション権は、自分と相手の対等な関係が原則です。

相手のことを傾聴して、自分をきちんと表現し、お互いが納得感を得るという、爽やかな人間関係を築くために、上手く活用していただければと思います。

5-12 グループでアサーションを体験してみよう

先ほどの自分の中にある3つのタイプ（気弱・強引・アサーション）の言動と気持ちを体験してみましょう。

それから「アサーション」による問題解決方法に「ディスク（DESC）法」と呼ばれる方法がありますが、その使い方については、第10章で改めて紹介したいと思っています。

〈ワーク〉3つのタイプを体験してみよう

一つのシチュエーションに対して、A、B、Cの3つのコミュニケーションパターンが書かれています。ABCのどれが気弱タイプ、強引タイプ、アサーションタイプかを考えてみましょう。

・4人1組で行います。
・一人がケースのシチュエーションを読み上げ、残りの3人がそれぞれA、B、Cいずれかのセリフを受け持ち、声を出して読み上げます。
・セリフを読むときは、そのときの感情をイメージし、気持ちをこめて言います。
・ケース1から6まで、それぞれの役割をローテーションしながら、いろいろなタイプを経験してください。

ケース1

娘は、テストの点数が良くなくて落ち込んでいるようですが、何も話しません。心配して母親であるあなたは言います。

A　結果が良くなくて残念に思っているかも知れないけれど、一生懸命に頑張っていたのはお母さんよくわかっていたわよ。

B　こんな結果で、やり方が悪いんじゃないの。もっと頑張りなさい！

C　はぁ…、しようがないわね――。

ケース2

娘は、ボーイフレンドができたようで服装も派手になり帰宅も遅くなりました。母親であるあなたは、とても心配しています。

A　まだ学生なんだから不良みたいなまねしないの。お母さんの頃だったら考えられないわ！

B　ちょっと帰宅が遅いので、心配なのよ。楽しい時は時間を忘れちゃうよね。でも遅くなったら必ず彼に送ってきてもらってね。

C　楽しそうでよいけどね……。

ケース3

家の手伝いをしていて、友だちからのラインのトークに返事をしなかったら、返事しないなんてひどい奴だと言われてしまいました。

A　うるさいなあ。いちいち文句言うなよ！

B　ごめんね。返事できなくて。お母さんが出かけてしまって、どうしても弟の面倒を見なきゃならなかったんだ。これからもすぐに返事できないときあると思うよ。

C　……すぐ返事するようにするから……。

ケース4

学校帰りにゲームセンターに行こうと友だちが言ってきました。寄り道は、禁止されているのですが……。

A　………（ヤバいけど仕方ないのでついていく。）

B　僕も行きたかったんだ。一旦うちに帰って親に断って着替えてから行かない？

C　バカか！　勝手に行けよ。

ケース5

長い間休んでいたクラスメートが教室に入ろうとしているのを、あなたは見つけました。

A　（目が合ったので）よっ、（笑顔）。
B　長い間休んでたな。明日から俺のノート頼むな！
C　（何か言って面倒なことになると嫌なので）自分からは近づかない。

ケース6

ファーストフード店でコーラを頼んだらコーヒーがきてしまいました。
A　何やってんの！　コーラだよ、コーラ！
B　すいません。コーラを頼んだのにコーヒーがきたので替えてください。
C　コーヒーでもよいかもしれないと自分に言い聞かせ、そのまま飲む。

〈全体の振り返り〉

参考までに、図表5－6にA～Cのコミュニケーションパターンが、それぞれどのタイプかを表にまとめています。

各パターンを言ってみたときの気持ち、聞いたときの気持ちを話し合ってみましょう。

最近は、「これは練習だから、他の人の前で怒鳴ったり、責めるような言い方をしてもよいから」と言っても、「できません」という人が増えています。なぜでしょう。

いつも穏やかないい人という自己概念を壊すようなことは、例え許される場面でも、絶対に避けるべきだと思っているからでしょうか。

あるいは、普段から怒りを抑圧しすぎて自分の気持ちを感じ取ることさえできなくなってしまったのでしょうか。

じっくり聴かせてもらいたいところです。

図表5–6：〈ワーク〉タイプ対応表

	A	B	C
ケース1	●	■	▲
ケース2	■	●	▲
ケース3	■	●	▲
ケース4	▲	●	■
ケース5	●	■	▲
ケース6	■	●	▲

▲ 気弱タイプ
■ 強引タイプ
● アサーティブタイプ

第6章

苦しい心はどこから生まれるのか

6-1　認知行動療法ってなに？

第5章では、「自分と相手を大切にして自己表現をするアサーション」を学びました。本章では、アサーションの理論的背景となっている認知行動療法を紹介します。

それでは、質問です。

なぜ、私たちは悩んだり、苦しんだりするのでしょう。

人の気持ちや態度・行動は、出来事を認識した後に、どのようなプロセスを経て生まれてくるのでしょうか。

人がどのように物事を認識するのか、その過程については「認知科学」という学問において研究が進み、すでにＡＩ（人工知能）の精度は急速に人間の判断にまで近づいてきています。

ただ、今のところ心を持っているのは人間だけです。人が物事を認識した後、どういうプロセスが、人の心に影響を与えるのでしょうか。

その点に着目した心理療法の一つが**「認知行動療法（CBT：Cognitive Behavioral Therapy）」**です。

認知行動療法は、認知（考え方）に働きかける「認知療法」と行動面の見直しを図る「行動療法」の両方を統合した治療法です。

「認知療法」も「行動療法」も、それぞれ治療法として確立されたものではありますが、実際には、**「考**

え方」が変われば、「行動」も変わりますし、「行動」を変えていくことで「考え方」にも変化が生まれるものです。

どちらにも重なる部分があることから、認知行動療法として統合がなされ、その効果が注目されるようになりました。

認知行動療法は、うつ病や不安障害、統合失調症などの精神疾患をはじめ、がんや生活習慣病などの身体疾患、さらには、心の健康保持・増進などにも効果のエビデンス（科学的根拠）が示され、広く活用されるようになってきています。

実際に不安障害やうつ病といった心の病を患った患者さんには向精神薬と同じ、あるいはそれ以上の効果が期待できるという研究結果が出ていて、日本でも資格を持った精神科医が定められた条件どおりに行えば、健康保険の適用内で診療が受けられるようになりました。そのことからも認知行動療法がとても信頼性の高い療法であることがわかります。

認知行動療法は、さまざまな要素が考慮され確立された心理療法ですから、定められた決まりごとがあります。ここでは、基本的な考え方だけ解説していきます。専門の書籍もたくさん出ていますので、興味を持った方はそちらをご覧ください。

6-2 認知モデルの5つの要素

まず、認知行動療法では、嫌な気持ちに陥ってしまったときの対処方法として「考え（認知）」と「気持ち（感情）」を分けて考えることを重要なポイントとしています。そして、その概要をクライアント（相談者・患者）にうまく説明し、臨床の現場で活用されている「認知モデル」というものがあります。

図表6-1にあるように、一人の人を**「身体」「行動」「感情」「認知」**の4つの要素でみて、それらを取り巻く**「環境（状況）」**を合わせて、計5つがつながり合い、それらが一つの大きなまとまりになっているとイメージしてみてください。これが「認知モデル」と呼ばれるものです。

また、全部が線でつながっているということは、何か一つの要素に変化があれば、その他の要素にも影響があるというところが重要です。

例えば、皆さんはこのような経験はないでしょうか。

・上司に仕事の確認メールをしたけれど、返信がもらえない。　←環境（状況）
・返事がないのは私が嫌われているに違いないと考えてしまう。　←（認知）
・どうしよう、不安だ！　←（感情）

図表6−1：認知モデル

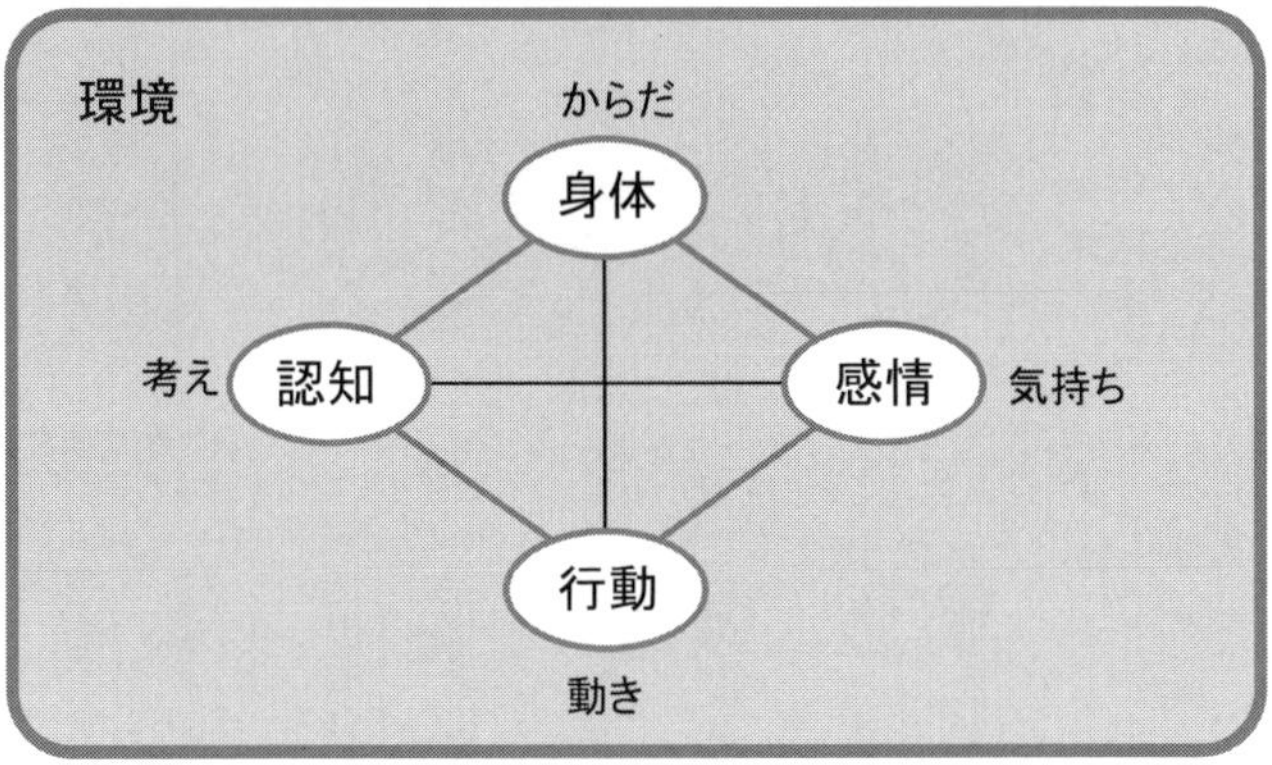
環境
からだ
身体
考え
認知
感情
気持ち
行動
動き

クリスティーン・A・バデスキー／キャサリー・A/ムーニー「クライエントに認知モデルを示すための臨床面の工夫」『国際認知療法ニュースレター』1991をもとに著者作成

・ランチの時間だけど、胃がムカムカしてきて、食欲がない。　↑　（身体）
・仕事が手につかない。帰宅して家族に八つ当たりしてしまった。　↑　（行動）
というように、何か一つの環境（状況）の変化から、連結する要素全てがネガティブな方向に向いてしまうことがあります。

起きた出来事は、上司から返信が来ていないということだけなのですが、嫌われているに違いない、などの考えが介在することで、不安になり食欲がなくなり、適切な行動ができなくなるといった、ネガティブスパイラルに陥ってしまったのです。

ただ、この部下が上司から返信メールが来ないことを、次のように考えたとしたら、どうでしょうか。

図表6−2：認知が変わると、そのほかの要素も変わる

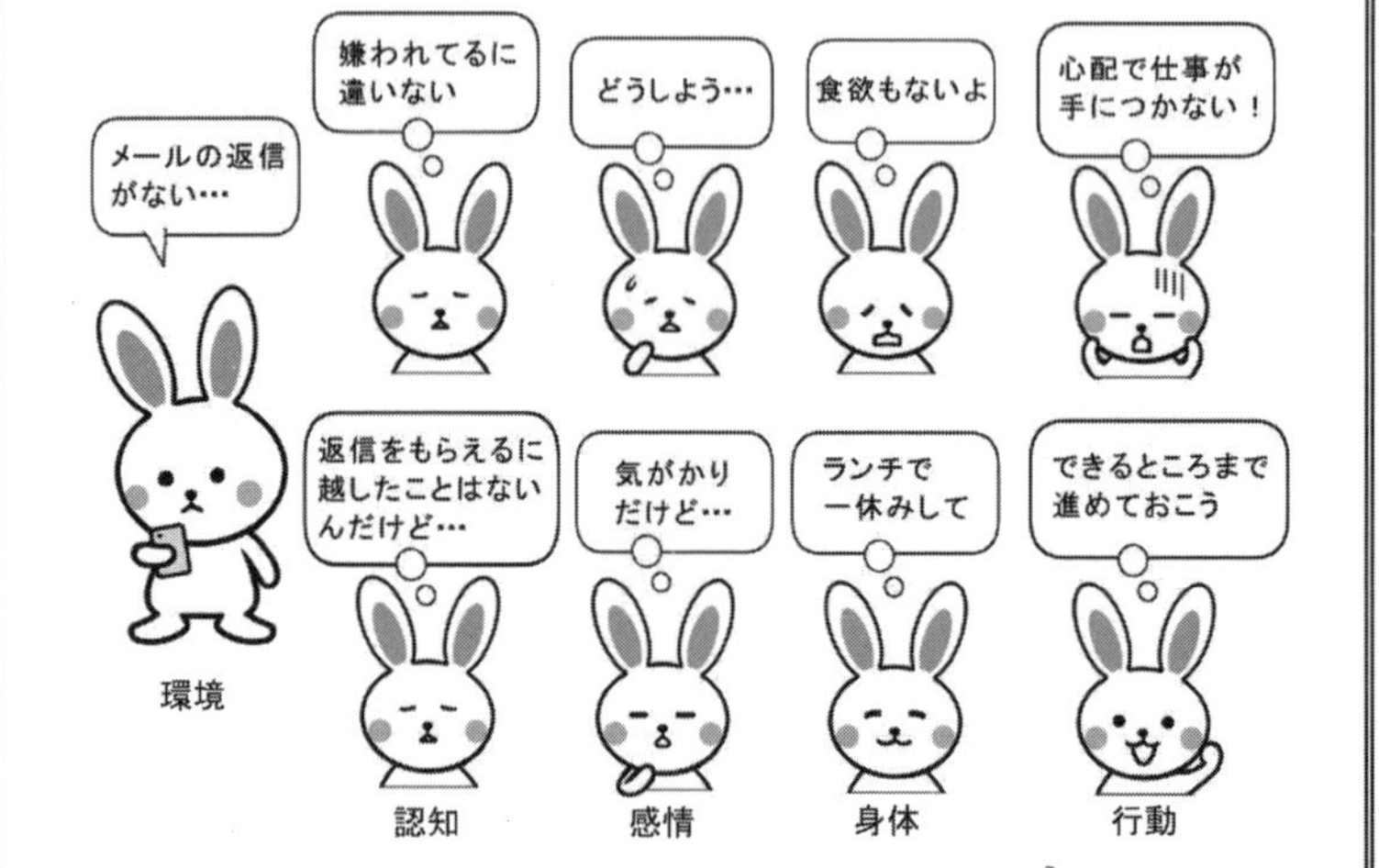
メールの返信がない…
環境
嫌われてるに違いない
どうしよう…
食欲もないよ
心配で仕事が手につかない！
返信をもらえるに越したことはないんだけど…
気がかりだけど…
ランチで一休みして
できるところまで進めておこう
認知
感情
身体
行動

・上司に仕事の確認メールをしたけれど、返信がもらえない。　↑環境（状況）

・仕事を進めるに当たって返信をもらえるのに越したことはないと考える。　↑（認知）

・ちょっと気がかりではあるけれど……。　↑（感情）

・お腹も少し減ってきたし、一休みしてから考えよう。　↑（身体）

・いつもどおり情報を整理して、自分なりの判断でできるところまで進めて、もう一度上司にメールをしてみよう。　↑（行動）

いかがでしょうか。こちらのプロセスはとても適切な生産性の高い行動を導いているようにみえます。

つまり、あなたが嫌な気持ち、苦しい心の状態にあるとしても、それは**環境と自らを構成する4**

つの要素から起こっているものであり、同じ出来事を原因にしてどんな人にも同じような嫌な気持ちが起こるとは限らないのです。

ここに、嫌な気持ち、苦しい心を変えていくヒントがあります。

前述の上司のメールの例で、「認知」が変わることで、「感情」や「身体」「行動」が変わることがおわかりいただけたと思います。同様に、認知モデルのいずれかの要素が変われば他の要素にも変化が期待できます。

6-3 一つが変わると、全てが変わる

嫌な気持ち、苦しい心を楽にしていくためには「認知モデル」を構成する5つの要素のいずれかを変えていけばいいのです。ここでは、それぞれの要素を変える方法について、いくつか具体的な方法を紹介していきます。人間のことなのできちんと分かれているものではありませんが、おおよそのグループに分けてお話しします。

① 環境を変えてみる

まず、「環境（状況）」を変える方法です。私たちの皮膚の皮一枚の外側を全て環境と呼びます。

環境は常に変化するものです。今、この瞬間も私たちは変化しつづける環境の中に置かれています。また、苦しい心を抱くきっかけとなった出来事も、環境の変化の一つです。

悩みのきっかけとなった出来事は、すでに起きてしまったことなので、過去に遡って環境を変えることはできません。

ただ、学校や職場のような今の自分の存在の背景となっている環境を変えることは可能です。直接は関係ないように思えても、例えば、引越しをしたり、一人暮らしを始めたりすれば、自分の生活環境が大きく変わり、家族との関係や友人関係が変わります。そのほかにもいろいろなことに変化がつながっていきます。それらが巡り巡って苦しい心が楽になっていくことが期待されます。

ただし、苦しい心を抱えている上に、さらに自分の外側の何かを変えなければいけないため、実際に環境（状況）を変えるのは容易ではありません。自分一人ではなく、誰かのサポートを受けながら行うほうがよいでしょう。

② 身体を変えてみる

身体を変えるというのは、手軽に誰でも試してみることができる方法で、皆さんもやっていると思います。思い切り伸びをしたり、深呼吸をしたりするなど、身体をリフレッシュしてみることがその一つです。そうしたとき、「気持ちがスカッとした」とか言いませんか。

特に呼吸に意識を向けて身体をリラックスさせる呼吸法は、ストレス対処方法として確立していて、解説本や自分一人でできるＤＶＤなどもあります。

第9章リラクセーションについて紹介していますので、そちらも併せてご覧ください。

疲れていると、どうしても考えがネガティブになりがちです。身体を整えることで、ネガティブスパイラルに陥らないようにすることが大切です。

③ 行動を変えてみる

行動を変えるというと、特別なことに思えるかもしれませんが、これも私たちは普段から、意識しないで行っているものです。いわゆる気分転換というものがその一つです。

レクリエーションというのは英語の語源は、再・創造ですが、気晴らしとかレジャーといった意味があります。つまり気晴らしという行動で気分を一新すると、壁を乗り越え、再び創造的になれるといった意味が込められています。気晴らしもちゃんと理論に裏付けされた方法なのです。

通勤経路を変えてみる、朝食をきちんととるなど、特に習慣化されていた行動を見直して変えてみると、目の前の景色が変わる、食べることで嗅覚・視覚・味覚が満たされるなど、五感に与えられる刺激の全てが変わり、違った気持ちが湧いてくることがあります。これは、「行動」と「気持ち」が双方向でつながっているからです。

④ 感情を変えてみる

「今、苦しい心（感情）を抱えていて、それを変えられないから心が苦しいのに、感情を変えるとはどういうこと？」と疑問に思った人もいるでしょう。

本章では認知モデルの考え方を使い、関連のある要素を変えることで感情を変化させようとしていたため、矛盾を感じるかもしれません。

ですが、だからといって感情に直接影響を与えることができないわけではありません。今までの人生でふと見た一枚の絵の色彩の素晴らしさに感動したり、音楽を聴いて癒されたり、お笑い番組を見て大笑いしたり、悲しい映画を見て思い切り泣いたりして、感情を一瞬で変えたりしたことがあるはずです。

⑤ 認知を変えてみる

認知（考え方）を変えるという方法は、次の章で述べる「苦しい心を楽にする技術」において主に用いられている方法です。

なぜならいつも物事をネガティブに考えて心が苦しくなりやすい人は、そのように考えるクセが身についていることが多いからです。この考え方のクセを作る設計図を**「スキーマ」**と呼びます。人生哲学のようなもので、心の中核にあり、中核信念（コア・ビリーフ）などとも呼ばれます。

なぜそのようなスキーマが形成されてしまったかを掘り下げていくと、生まれつきや育ってきた環境、経験など、さまざまな要素が積み重なっているため、そう簡単に直すことはできませんが、そこまで掘り下げていくことは難しくても、「自分は、こういう考え方のクセに陥りやすい」と自覚していれば、意識的に「考え」を変えやすくなります。

「〜すべき」「〜しなければ」「〜に違いない」という思い込みで、自分を追い込んでしまうのも、一つの考え方のクセです。

嫌な気持ち、苦しい心になったとき、「ちょっと待って、またいつもの考え方のクセで悩んでない？」と、自分に問いかけてみてください。

自分で自分をネガティブスパイラルに追い込んでいるかもしれないという気づきが、考え方のスイッチを替えるきっかけになります。

前述したように、「認知モデル」の5つの要素は、何か一つを変えると、他の全部が変わりますから、できることからやってみることが大切です。嫌な気持ち、苦しい心になったとき、それぞれの要素が相互に関係性を持って影響し合っているから、どれかをやってみるということを思い出してください。

6-4 苦しい心を作り出すもの

臨床心理学者のエリス，A.（Ellis, A.）の提唱した「論理情動行動療法（REBT：Rational Emotive Behavior Therapy）」は、「イラショナルビリーフ（不合理な考え）」に働きかけて心のストレスを軽減し

図表6−3：イラショナルビリーフは相対的に起こるもの

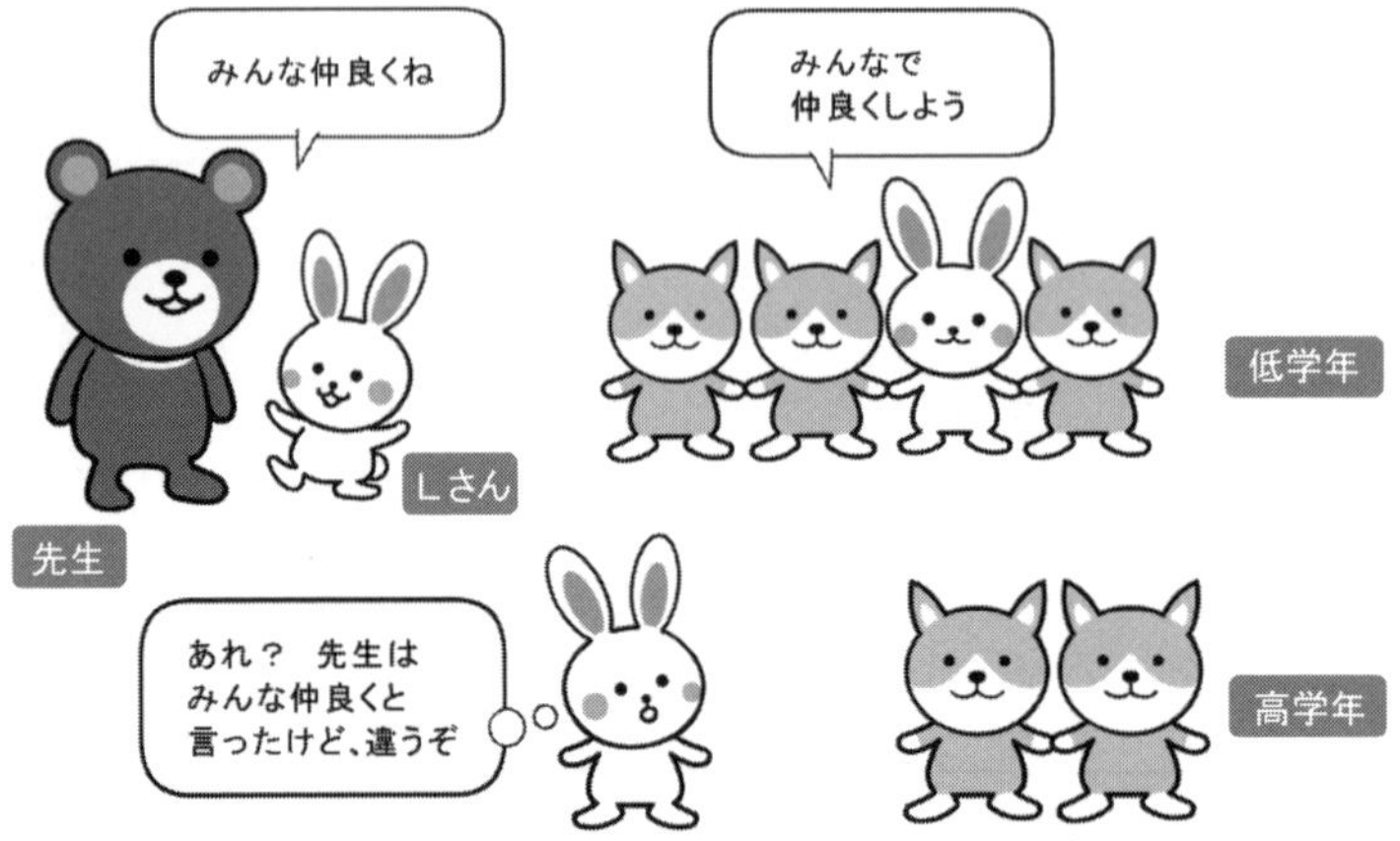
みんな仲良くね
みんなで
仲良くしよう
低学年
Lさん
先生
あれ？　先生は
みんな仲良くと
言ったけど、違うぞ
高学年

自分が嫌な気持ちになったときはじめて、「みんな仲良くしなければならない」は、イラショナルビリーフになります。

ていく療法です。

イラショナルビリーフとは、

①事実・現実に基づいていない

②論理的必然性がない

③幸福にしない

客観性に欠ける極端な考えのことをいいます。

イラショナルビリーフが強いと、起こった出来事に対して柔軟性に富んだ合理的な捉え方ができにくくなり、現実とのギャップがストレスとなり苦しい気持ちに陥ってしまいがちになります。

また、イラショナルビリーフは絶対的なものでなく、相対的なものです。

例えば、Lさんが小学校に入学し、担任の先生に「みんな仲良くしようね」と言われたとします。子どもたちは、先生から言われたとおり、クラスのみんなが仲良くするものだと思い、自分もそうしようと頑張るでしょう。

小学校の低学年から高学年まで、みんな仲良くと考えて過ごしていくうちに、ふと、「あの子とあの子はとても仲が良い」「あの二人は仲が悪い」「自分の好きな子が私と仲良くしてくれない」など、先生が言っていた「みんな仲良く」が現実ではないことに気がつくときがきます。

それ以前のLさんが頑張れてきた時期の「みんな仲良く」という考えは、イラショナルビリーフとは呼びませんし、児童前期においてしつけとして学ぶのは大事なことでした。

しかし、いろいろやってみて、実際全員とは仲良くなれそうになかったときに、「できない自分は悪い子に違いない」「私と仲良くしてくれないのは悪いことだ」と、自分自身やクラスメートに対してすごく嫌な気持ちを抱いたとすると、「みんな仲良く（しなければならない）」は、そのとき初めてLさんにとってイラショナルビリーフということになります。

同じ出来事を経験しても、人によってその捉え方はまちまちです。ただ、出来事を客観的に見られず、固執しすぎる人ほど、イラショナルビリーフにとらわれやすいといえるでしょう。

では、この「不合理な考え」からどのように抜け出せばよいでしょうか。

そのヒントとなるのが、エリスの論理情動行動療法の中の「ABCDEF理論」と呼ばれるもので、ここではその中のABCを紹介します。

ABCは、それぞれ、結果を活性化した出来事（Activating event）、考え（Belief）、結果（Consequence）の頭文字をつなげたもので、これらの関係性を表しています。

図表6－4：エリスの「ABCDEF理論」（ABCのみ紹介）

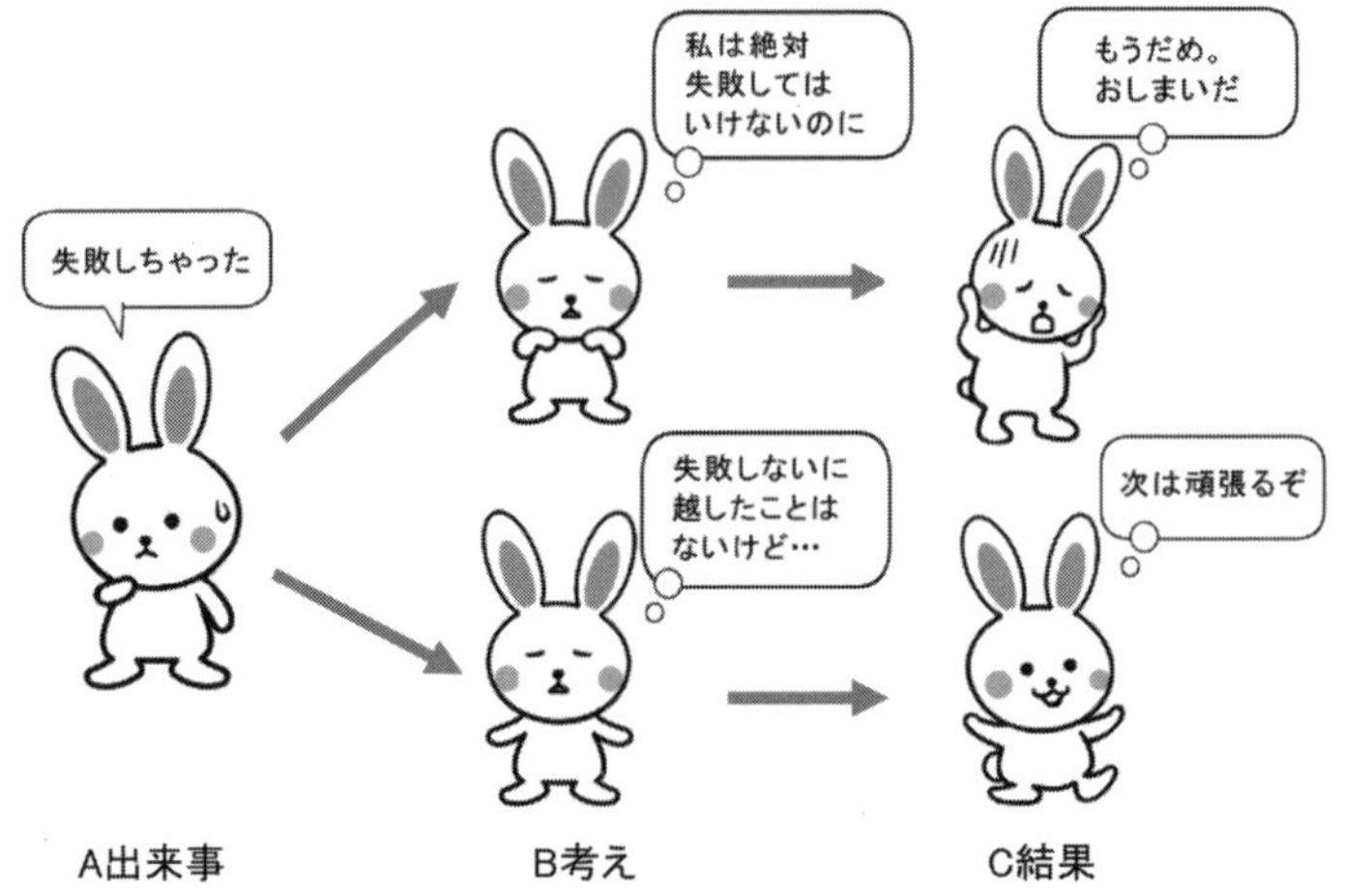
失敗しちゃった
私は絶対
失敗しては
いけないのに
もうだめ。
おしまいだ
失敗しないに
越したことは
ないけど…
次は頑張るぞ
A出来事
B考え
C結果

私たちは、**何かのA（出来事）によって、C（結果）が生ずると考えがちですが、**エリスは、**AとCの間にB（考え）があり、このBによってCが左右される**と考えました。Cとは、気持ちや行動のことです。

例えば、何か失敗をした（A）としても、「〜ねばならない」という絶対的な不合理な思考（B）をしていると、失敗した自分を受け入れられず、「こんな失敗をしてしまったら、もう誰も相手にしてくれないにちがいない」と決めつけ落ち込んだり、パニックになったりします（C）。

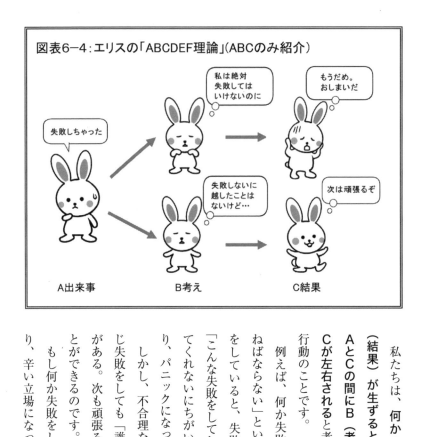

しかし、不合理な考えにとらわれなければ、同じ失敗をしても「誰にでも時には、こういうときがある。次も頑張ろう」と、前向きに取り組むことができるのです。

もし何か失敗をしてとても嫌な気持ちになったり、辛い立場になったりしたときは、自分が不合理な考えにとらわれていないかを確認してみましょう。

頭の中で次のような強い思い

・必ず、いつも、絶対

・～ねばならない、～に違いない、～すべきだ、～しなければならない

を持っているとしたら、

・～するに越したことはないな

・～だとよいな、～したいな

くらいの柔軟性のある合理的な認知に変えると、嫌な気持ちが随分楽になります。

第7章

苦しい心を楽にするスキル

7-1 苦しい心を楽にする「OKS」プログラム

私が東京の大田区で初のスクールカウンセラーとして心理教育に携わるようになってから、25年を越えました。もちろん学校も心理職を受け入れるのは初めてのことでしたので、どうすれば子どもたちの苦しい心を楽にできるのか、学校の先生と一緒になって当時は暗中模索をしていました。

本章でご紹介する「苦しい心を楽にするプログラム」は、私のスクールカウンセラーとしての長期にわたる経験をもとに考案した「苦しい心を楽にするプログラム」です。第6章の認知行動療法をベースにしたもので、これまでに学校の授業やワークショップを通じて延べ一万名以上の方に実施してきました。

「OKSプログラム」は、学校の1回50分の授業の中で、誰もが簡単にやり方をマスターでき、自分の嫌な気持ち、苦しい心を軽くするスキルを身につけることができます。

なぜそのような効果が見込めるのかについてはこの後に説明しますが、認知行動療法でも使われている「メタ認知の強化」という機能を応用しています。

これまでに説明したように、私たちは、自分の身に起こっていることを客観的に捉えることが苦手です。自分の本当の気持ちにさえ気づけない人も少なくありません。

この「OKSプログラム」を用いて、自分の身に起こった嫌な「出来事」から不合理な「考え」を経て嫌な「気持ち」になるプロセスを学ぶことで、以前なら不合理な考えにとらわれていたところに、新しい合理的な考えが浮かぶきっかけを与え、新たな感情、次には新しい態度・行動へと、苦しい心を楽にする

ループがつながり始めるのです。

7－2 「出来事」と「気持ち」の間にあるもの

「ＯＫＳプログラム」は、心理教育パートとスキルトレーニングパートの2パートで構成されています。前半の心理教育パートでは、認知と感情の関係・仕組みを認知モデルで学びます。

まず、心理教育パートについて、簡単に説明していきましょう。

何か「出来事」が起こることで、私たちの「気持ち」は変化します。

同じ出来事を経験しても、嬉しくなる人もいれば、悲しくなる人もいます。また、落ち込んだり怒ったりする人もいます。人によって浮かんでくる気持ちの質が違うものです。また、同じ怒るでも、イライラ程度の怒りから、復讐してやるという激しい怒りまでさまざまなレベルがあります。

そして、この「出来事」と「気持ち」の間に「考え」があります。それは、第6章の「認知モデル」で説明しました。

「認知行動療法」では何か好ましからざる「出来事」が起こったときに、嫌な「気持ち」との間にある「考え」を変えれば、嫌な「気持ち」は軽くなると考えます。

同様に本章の「ＯＫＳプログラム」も、その嫌な「気持ち」を引き起こしている「考え」に着目し、嫌

図表7−1：嫌な出来事が起きたときの心の動き

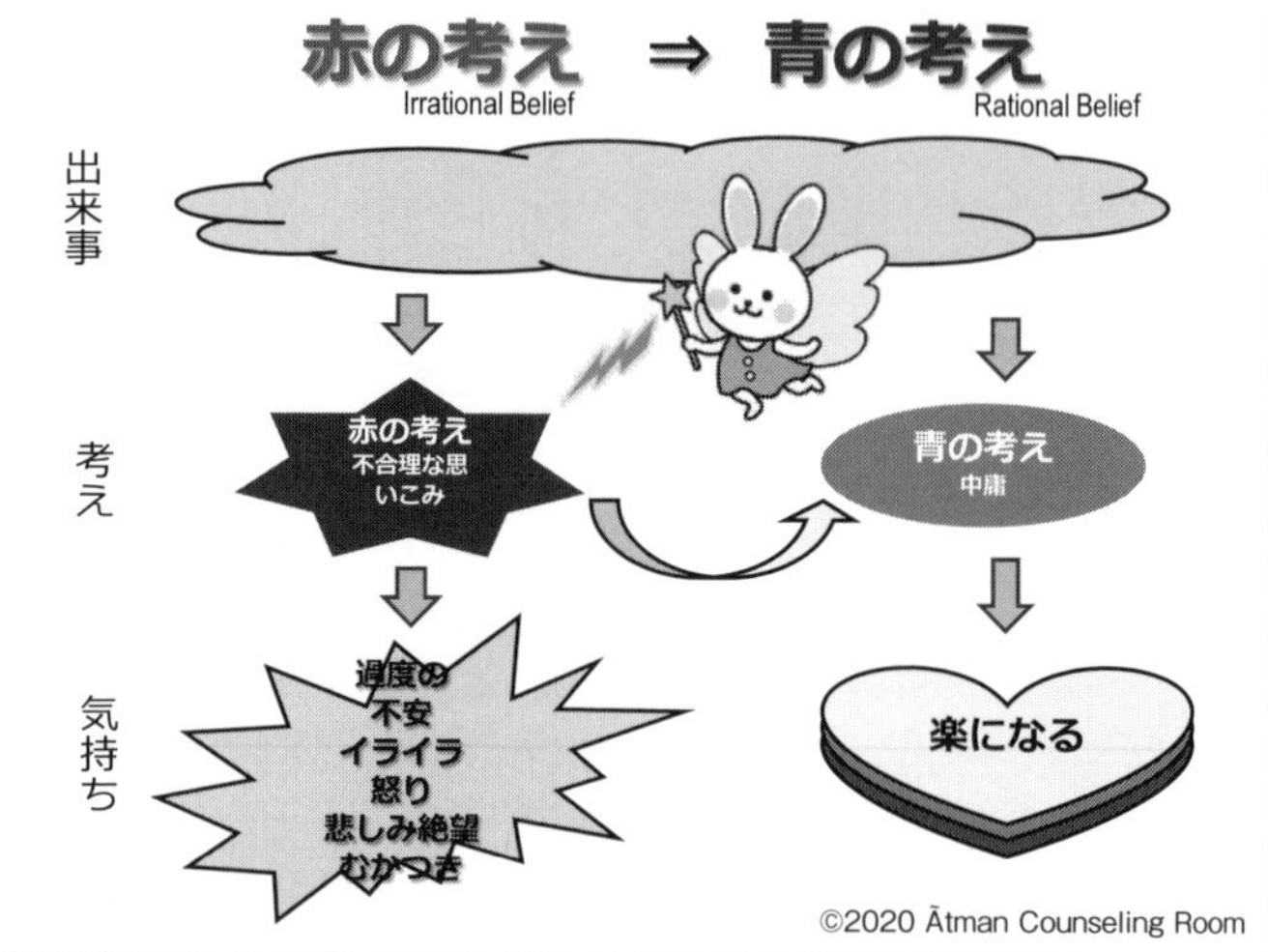
赤の考え ⇒ 青の考え
Irrational Belief
Rational Belief
出来事
考え
気持ち
赤の考え
不合理な思いこみ
青の考え
中庸
過度の
不安
イライラ
怒り
悲しみ絶望
むかつき
楽になる
©2020 Ātman Counseling Room

な「気持ち」を楽にするために考案されたものなのです。

上の図表7－1は、私たちの心の動きを表しているものです。

自分にとって都合の悪い「出来事」が起こると、大抵は、嫌な「出来事」が直接的に「気持ち」につながっているように考えがちなのですが、すでにお気づきのとおり、実際は図表7－1の左側に書かれているように、

嫌な「出来事」↓「赤の考え」↓嫌な「気持ち」

と、2本の矢印に分かれています。

私は、この嫌な「気持ち」を引き起こす元になった「不合理な考え」を「赤の考え」と呼んでいます。

エリス（第6章参照）は、人々はその要求が特に強烈なときに、「〜したい」をごく容易に絶対的「〜ねばならない」にエスカレートさせる傾向があると言っています（エリス、1976）。

例えば「東大に合格したい」と願い、その願いを容易に「東大に合格せねばならない」という絶対的要求にエスカレートさせた場合で考えてみましょう。

この「東大に合格せねばならない」という考えに従って、現実に学習を進められているうちは嫌な気持ちにはならないでしょう。できる限り**自分の能力を信じて頑張ってみようというのは、合理的な考え（OKSプログラムでは、「青の考え」と呼んでいます）**です。

しかし、その後何度模試を受けても東大不合格の結果が続くと、自分の能力とのギャップに苦しむようになり、学習に手がつかなくなったら、そのとき初めて不合理な「赤の考え」になるのです。

「東大に合格せねばならない」という考えだけでなく、「さもないと自分の人生は終わりだ」「ひどいことになる」「もうお終いだ」といった脅しの接続詞とセンテンスがつく破滅的な状況に追い込まれているのです。

「赤の考え」に陥ることを未然に食い止める、あるいは「赤の考え」にとらわれても早々に逃げ出せるよう手を打たねばなりません。

「OKSプログラム」では、まず、「赤の考え」が苦しい気持ちの元であることを教えることから始めます。

そして、「赤の考え」ではなく「青の考え」で出来事を見直すと、図表7－1の右側の流れのように、

嫌な「出来事」→「青の考え」→楽な「気持ち」

となることを教えていきます。

7－3 「友人助言法」で「赤の考え」を「青の考え」に変える

後半のスキルトレーニングパートでは、心理教育パートで学んだことを具体的に理解するために嫌な「気持ち」を抱いてしまった主人公が登場するサンプルストーリーを用い、「赤の考え」を「青の考え」に変えていく方法を実践的にトレーニングしていきます。

その方法を理解し覚えるための補助ツールが**「ＯＫＳシート（お悩み解決作戦シート：Onayami Kaiketsu Sakusen Sheet）」**です。

詳しい使い方は、この章の最後の〈ワーク〉で紹介するとして、ここでは「ＯＫＳプログラム」ならではの特徴を説明します。

通常の認知行動療法では、嫌な「気持ち」を引き起こす「不合理な考え」を「合理的な考え」に変えていく際に、「その考えがいつでも適切なわけではありません。そんなふうに考えなければ、気持ちが楽に

なりますよ」とカウンセラーが誤りを正していくようなプロセスになりますが、「ＯＫＳプログラム」では少し特殊な方法を用いています。

それを**「友人助言法」**と呼んでいます。

実際に悩んでいる本人が、全く同じ悩みを抱える友だちから相談されたと想定し、**「自分のことはさておき、その大事な友だちにどのようなアドバイスをしますか？」**という問いを投げかけるのです。

このとき驚くのが、**大事な友だちを助けたいという動機づけから、多くの人が真剣にアドバイスを考え始める**ことです。

自分ではなく、友だちの悩みにどうアドバイスするかとなると、起きた「出来事」を客観的に見るという要素が不可欠になってきます。すると、今まで一つの主観的な考えで判断していた物事を見直し、客観的で合理的な判断に近づいたアドバイスが出てくるようになるのです。「自分」を「友だち」に置き換えるだけで、思考に驚くほどの変化が見られるのは、本当に興味深いことです。図表７‐１では妖精から放たれているイナズマ（緑のイナズマと呼んでいます）がそれに当たります。

「友人助言法」には、悩んでいたり、苦しんでいたりする自分を俯瞰で眺めることが可能になる「メタ認知の強化」がおこるという大きな効果があり、その結果、自分で自分の感情を変えることができ、それが態度、行動の変化にまでつながることから「自尊感情（自己肯定感）の向上」が期待できます。

これは実施上の注意になりますが、「友人助言法」では、とくに小学校の生徒指導で使われるような「相手の気持ちはどうなの？　相手の気持ちになってみて」という問いかけは使いません。

なぜなら、このように問いかけるのは、相手の気持ちを察して共感的理解を試みようとしているもので、「友人助言法」の目的とは異なるからです。「友人助言法」では、自分を友人の立場に置き換え、自分を外から見ることで、自分の考え・気持ちを変えていきます。

7-4「メタ認知」の力で自分に客観的にアドバイスする

少し難しい話になりますが、通常の認知行動療法では、認知（考え）と感情（気持ち）の定義をきちんと教え、区別して理解できるようにし、嫌な気持ちを引き起こす出来事に出会ったときに何を考えていたかをセルフモニタリングし、「不合理な考え」を同定（見極めること）し、それを「合理的な考え」に変えることで、嫌な気持ちを変えていくという時間とエネルギーのかかる作業が必要です。

そのため、通常は丁寧に時間をかけた教育プログラムを行います。

その点、この「ＯＫＳプログラム」には、その部分の背景にある不合理な考えを必ずしもはっきりと同定できていなくとも、「友人助言法」により合理的な考えに近づけていくことができるという大きな利点があります。

図表7−2：メタ認知の力で客観的にアドバイス

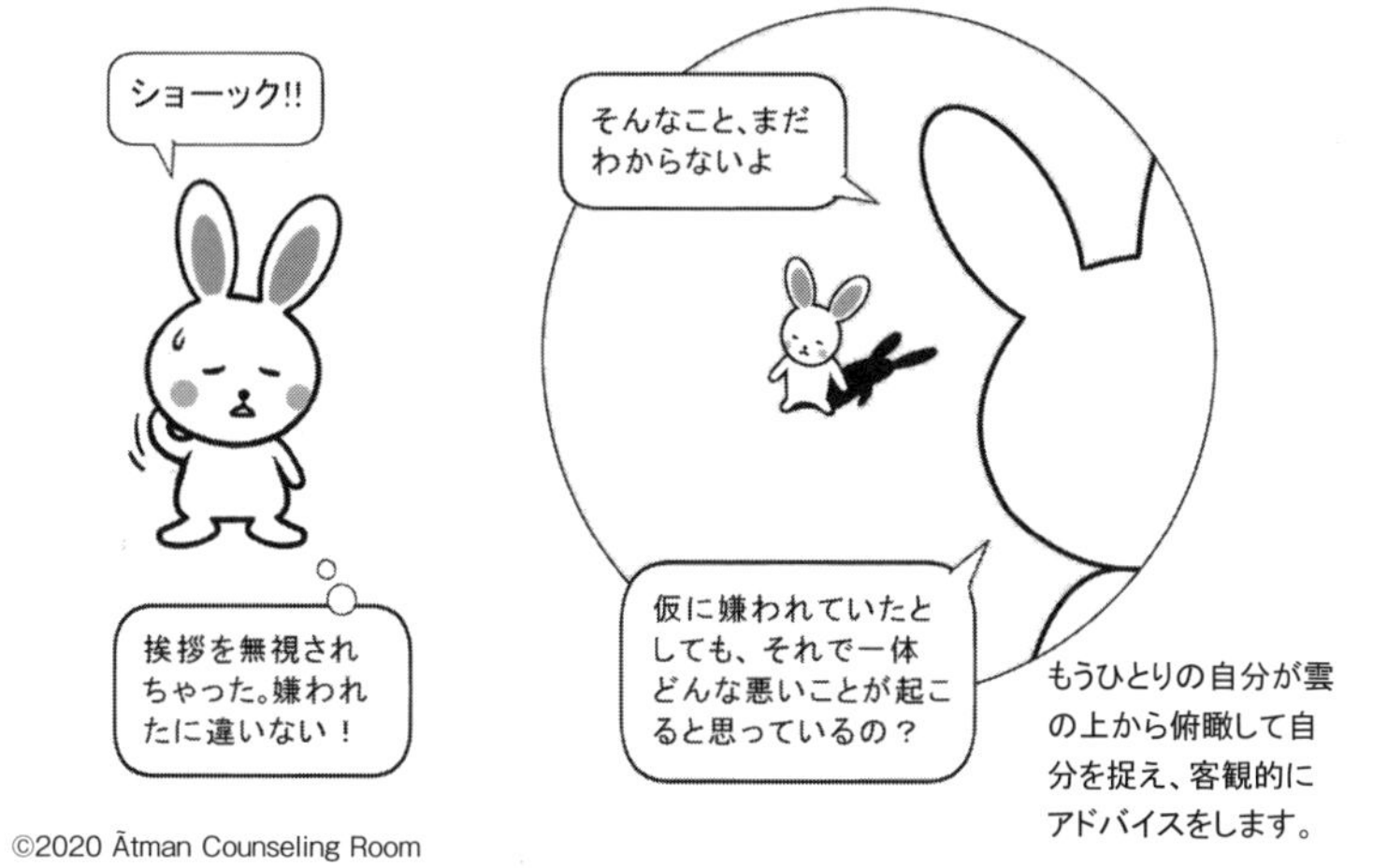
ショーック!!
挨拶を無視されちゃった。嫌われたに違いない！
そんなこと、まだわからないよ
仮に嫌われていたとしても、それで一体どんな悪いことが起こると思っているの？
もうひとりの自分が雲の上から俯瞰して自分を捉え、客観的にアドバイスをします。
©2020 Ātman Counseling Room

なぜ、そのようなことが可能かというと、「友人助言法」が**「メタ認知」**の強化と呼ばれる、認知行動療法がもつ機能の一つを応用しているものだからです。

聞きなれない言葉かもしれませんが、「メタ認知」というのは、自分が物事をどのように認知しているかをモニタリングし、コントロールする能力のことをいいます。自分のことを俯瞰して見る能力といってもよいでしょう。

私たちは、物事にとらわれていると、一つの見方しかできません。それに比べて「メタ認知」の力を使って、物事から距離をとると、客観的に広く物事を把握することができます。**「メタ認知」能力が高ければ、広く周りを見回し、現状に沿った、より適切な見方ができるようになるのです。**

最近、よく耳にする瞑想をベースとした心理療法「マインドフルネス」も、「友人助言法」と同じく高いメタ認知効果を持っています。「今ここ」に意識を集中したり、自分の内外で起きていることをありのままに気づく練習を繰り返すことで、もう一人の自分が俯瞰しているように自分を捉えられるようになるのです。

「友人助言法」は、自分と同じ悩みを抱えた友だちが相談に来たことを想定させ、大事な友だちを助けたいという動機づけを使って、より熱心に取り組むことができるように構成されています。

自分の中にあった悩みを友だちの悩みとして自分の外に置き（外在化）、それをいろいろな角度から眺め、それに対していろいろなアドバイスを考えるというプロセスが「メタ認知」能力を高めると考えられています。

ここでお伝えしたいのは、この「友人助言法」が、認知行動療法で行われている「認知の歪みを同定し、それを直す」というプロセスではなく、**「悩みを外在化し、メタ認知を強化する」というプロセスにより、一瞬にして気持ちを楽にする**ということです。

また、文字でシートに書き込むという行為そのものも、メタ認知の効果が期待できます。漠然とした悩みを文字に書き出してみることで、物事を自分の目で客観的に捉えやすくなるのです。

さらにいえば、「メタ認知」には学習や仕事の仕方を俯瞰させる効果もあるので、自分自身で課題を発見したり解決したりする能力を強化します。つまり学習能力や仕事をする能力にも良い影響を与えているわけです。

７－５「ＯＫＳプログラム」の魅力

「ＯＫＳプログラム」のベースとなっている「認知行動療法」は、心の病気になる前や問題を抱える前の予防教育にも応用されており、欧米では学校の授業として認知行動療法に基づいたプログラムが行われ、成果が出ているという報告があります。

悩みのある人たちだけでなく、今のところまだ悩みのない人たちに対しても、予防のためのスキルとして知っておいてもらうことにより、何か嫌な出来事があったとき、深刻な悩みや不安に陥らないように知恵を蓄えておくことができるのです。

そして、「ＯＫＳプログラム」は、日本人の特性、養育環境などを踏まえて考案した日本の学校や職場に適応した、**日本発信のプログラム**です。

ご覧のとおり、他の心理予防教育プログラムに比べてとてもシンプルです。「ＯＫＳシート」の中の共通言語とシンボリックな色（カラー版の場合）と形が結びつけられているため、内容がイメージしやすく、瞬時に心の動きを理解することができます。

使いやすくわかりやすいものでありながら、受講者側・実施者側にとって、さまざまなメリットがあります。これまでに寄せられた受講者・実施者アンケートも含めてまとめてあります。

〈受講者側のメリット〉

・「友人」という枠を与えられることにより、自分の中にある抵抗を取り除き、不合理な考え方を合理的な考え方に変えることができる。
・現実がよく見える立ち位置に変わることができる。
・「自分が正しいと思っていることさえしていればよい」という柔軟性のない考え方から抜け出し、視野を広げることができる。
・「どうせ私なんか」と思っている人が「私だって人の役に立てる」という自分の可能性に気づく。
・「嫌な気持ちは、自分で変えられる」という自己効力感をすぐに体験できる。
・メタ認知機能を使って、自分の勉強の仕方や仕事のやり方を見直すことができる。
・「赤の考え」「青の考え」「緑のイナズマ」という共通言語を使って、仲間同士で問題解決できる可能性が高まる。

心の動きのイメージを覚えると、自分一人でも、ＯＫＳプログラムを一緒に受講した（ユニバーサル教育）友だち同士でも嫌な気持ちになったときに「今考えているのは赤の考えじゃない？」というふうに共通の言葉で考えることが可能になります。アドバイスもしやすくなり、自分や友だち同士での自主・自律的な問題解決に近づいていきます。

つまり本来、発達の過程で育まれるべき特性がうまく得られていない状態でも、それを補っていくことができるツールとして役立つはずです。

〈実施者側のメリット〉

・科学的に検証された効果にもとづき50分間1セッションで実施できる。
・心理教育の知識のない人でも特別な講習を受けなくても付属の指導案を読み、パワーポイントを使えば、誰もが実施できる（特別なトレーニングは不要ですが、事前に実施している様子を見学することをおすすめします）
・「赤の考え」「青の考え」「緑のイナズマ」という共通言語を使って、受講者に対して効率的に考え、態度、行動の変化を促すことができる。
・実施者側が受講者たちの人間関係の問題解決に煩わされず、時間と気持ちに余裕が生まれる。
・プログラムの実施に費用がかからない。
・プログラムの自由度が高いので、受講者グループに合わせた工夫を入れることができる。

このプログラムの継続実施により、将来的には、社会問題（いじめ、不登校等）を軽減していく可能性が高いと期待されます。

以上のように「ＯＫＳプログラム」は、受講者側にとっても、実施者側にとっても負担が少なく、気負わ

図表7−3:「OKSプログラム」の効果

都内中学生約150人を対象に「OKSプログラム」を実施。不合理な考え、自尊感情、ストレス反応、不安・抑うつ尺度のいずれも、プログラム実施後にスコアの改善が見られました。さらに、3カ月が経過した後も、もとのスコアに戻ることなく、その効果がある程度持続していることがわかります。

[不合理な考え]

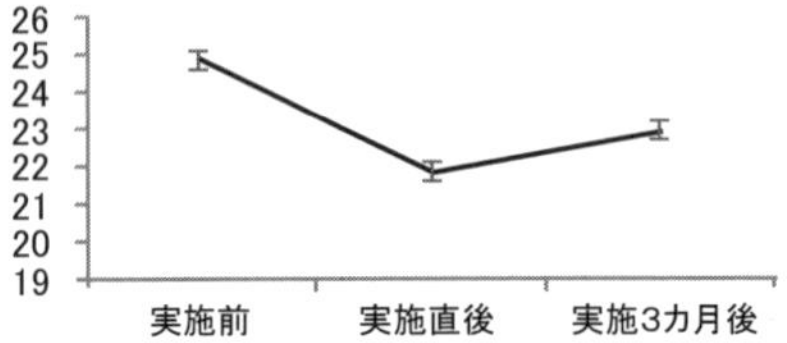

IBs10　N＝156

スコアが低いほど、その人の不合理な考え(イラショナルビリーフ)は低い。プログラム実施後は実施前よりもスコアが低下しています。

[自尊感情]

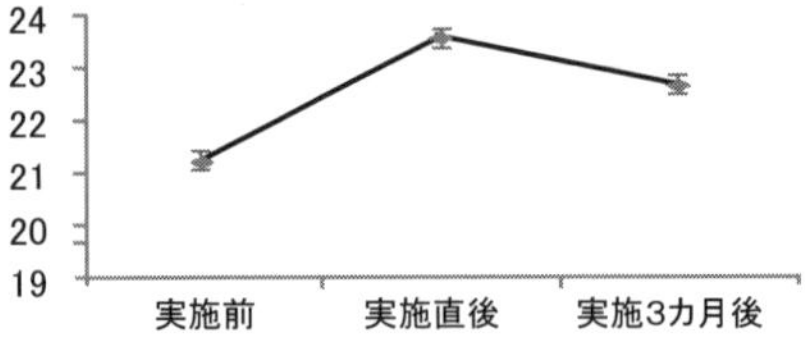

RSES　N＝140

スコアが高いほど、その人の自尊感情は高い。プログラム実施後は、実施前よりもスコアが上昇しています。

[ストレス反応]

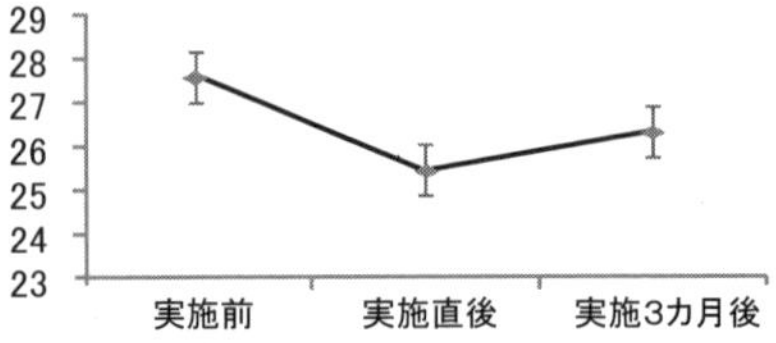

Stress　N＝105

スコアが低いほど、その人のストレス反応は低い。プログラム実施後は、実施前よりもスコアが低下しています。

[不安・抑うつ尺度]

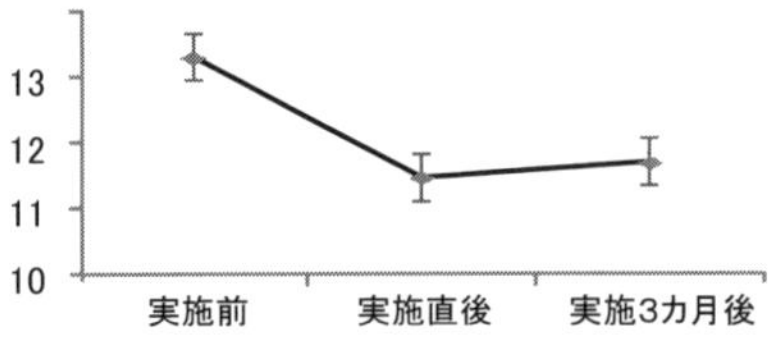

K6　N＝122

スコアが低いほど、その人の不安・抑うつは低い。プログラム実施後は、実施前よりもスコアが低下しています。

2018/11/28実施データをもとに著者作成　2019

ずに行えるプログラムです。

さらにメタ認知を強化するＯＫＳプログラムは心の健康増進・問題の早期発見・早期対応にとどまらず、学習能力の向上や仕事の効率を高める可能性があるプログラムなのです。

7-6 「ＯＫＳプログラム」の限界

「ＯＫＳプログラム」は、50分間1セッションで実施することができるという、他の心理予防教育にはないメリットを持っています。また、実施後に心の健康度が向上するというエビデンスも得られています。ただ、あくまでも心が苦しいときに行う一つの方法を教えているプログラムなので限界もあります。その人が持っている「不合理な考え（赤の考え）」が「合理的な考え（青の考え）」に変わればそれに越したことはないのですが、「ＯＫＳプログラム」ではそれが必ず起こるとは限りません。別の考えもあるという気づきを与えるプログラムですから、ずっと持ち続けている不合理な考えが強いと、心の苦しさから逃れられない場合があるのです。

しかし、このプログラムを実施すると8割以上の受講者は、不合理な考えに縛られている度合いが少なくなることはわかっています。

また、しばらくすると、以前の不合理な考えが逆戻りしやすいこともわかっています。せっかく手に入れた方法を忘れないようにするために適宜フォローアップの機会を設けることが有効です。

これまで説明してきたように、私たちがいる環境は日々刻々と変化し、それに対して適応することが求められます。「OKSプログラム」のスキルを身につけられれば、心が苦しくなってしまったときに、「嫌な気持は自分で変えられる」という自己効力感に支えられ、環境に適応しやすくなります。

2019年現在、中学校では道徳が正規の授業として始まっています。この道徳のテーマの中に、自主性、自律性、友情、信頼などがあります。

この「嫌な気持ちは自分で変えられる」プログラムは、道徳授業で教えようとしている「より良い生き方」を実践するために役立つものですから、親和性が高く、道徳授業で採用の動きがあります。

7-7 ロールプレイングで「OKSプログラム」を体験しよう

実際に、「OKSシート」を使い、嫌な気持ち、苦しい心から抜け出す方法を体験してみましょう。

用意したサンプルストーリーを用いて、不合理な「赤の考え」を合理的な「青の考え」に変えて、苦しい心を楽にしていく心の動きをたどっていきます。実際に「友人助言法」を使い、「自分」を上から眺めてとらえる感覚も身につけていきましょう。

サンプルストーリー

金曜日の放課後、いつものように、アマちゃんと楽しく遊んでいたのに……。

月曜日、学校に来てみると、「おはよう」と声をかけたとき、目が合いませんでした。私は無視されたような気がしましたが、知らずに何か悪いことをしてしまったのではないかと考えました。

いろいろ考えているうちに頭が痛くなってきました。

＊＊＊＊

昼休みはいつもアマちゃんと遊ぶことになっていました。

ところが、今日は気がつくとアマちゃんの姿が教室にありません。

私は、朝からの様子を思い起こすと、自分は嫌われたに違いないと思えてきて、すごく絶望的な気持ちになりました。


この「ＯＫＳプログラム」は一人でも充分できますが、授業の一環として、生徒や受講者は、教員等実施者にガイドを受け一緒に作成することをおすすめします。

〈ワーク〉サンプルストーリーを使い、「ＯＫＳシート」を完成させよう

１　サンプルストーリーを読みます。

２　「ＯＫＳシート」を半分に折り、自分がサンプルストーリーの主人公の気持ちになって、左半分にある次の⑴～⑶の項目に記入します。

⑴　嫌な気持ちにさせた出来事（カメラレンズに写したように客観的な描写）

（回答例）

＊声をかけたのに目が合いませんでした

(2) 嫌な気持ちを引き起こしている「赤の考え」(一つに絞ること)

誰に対して思ったのか(自分・他人・世の中／人生)を1つ選び、次の語句を使って書いてください。

必ず／いつも／絶対

～にちがいない、～すべきだ、～ねばならない、～しなければならない

(回答例)

＊自分は嫌われたに違いない

(3) そのときの主人公の気持ち

(回答例)

＊絶望的な気持ち

また、主人公がその気持ちをどの程度感じているかを、ＯＫＳシートの「気持ちの温度計」に記入してください。「絶望的」というと、上り詰めるくらい強く感じていませんか。

3 次に、シートの右半分にいきます。一番上の(4)の緑のイナズマが「友人助言法」を活用する場所です。

サンプルストーリーの出来事が友だちの身に起こり、自分が友だちから相談されたと想定して、友だち

への助言をここに記入します。

(4) 友だちへの助言（浮かんだことをできるだけたくさん書いてください）

(回答例)

＊あなたは、アマちゃんに嫌われているかどうか、まだわからないじゃん。

＊今回は大丈夫かも。でも、あなたがずっとアマちゃんに嫌われないなんて、無理じゃん。だって人の気持ちって変わるでしょ。

＊あなたが、仮にアマちゃんに嫌われていたとして、いったいどんな悪いことが起きると想像しているの？

＊私にもね、同じことがあったのよ。でもね、人の気持ちはあっちこっち行ったりするもんだと思うことにして、ほっといたら、いつの間にかまた仲良くなっちゃったよ。

4 再度、サンプルストーリーを自分のこととして考え、③の助言を自分に何度か言い続けてみましょう。そこで生まれた新しい考えと気持ちを次の順に記入します。

(5)「赤の考え」に代わり、新しく浮かんできた「青の考え」

(回答例)

＊まっいいか。私はアマちゃんに嫌われないに越したことはないけれど、人の気持ちはいろいろ変わるよね～

A3用紙に拡大コピー推奨

友人助言

一旦、私のことは置いておきましょう。

今度は、お友だちにこのことが起きたと想像してみましょう。もしあなたが大事な友だちからこのことを相談されたら、どんな助言をしますか。

(4)いくつか浮かんだことを書いてみてください。

再び、自分のこととして考えてみてください。上に書いた「友人助言」を何度か自分に言ってみたらどうでしょう。はじめのイヤな気持ちのもとになった考えは変わりましたか？

(5)ここに新しく浮かんできた「青の考え」を書いてみましょう。

そして、上の「青の考え」が出た瞬間に気持ちが変わったはずです。どんなふうに変わりましたか？

(6)「軽い・重い」「減・増」という表現でもいいですよ。

ものすごく強く感じている

ほんの少し感じている

気持ちの温度計
目盛りに×

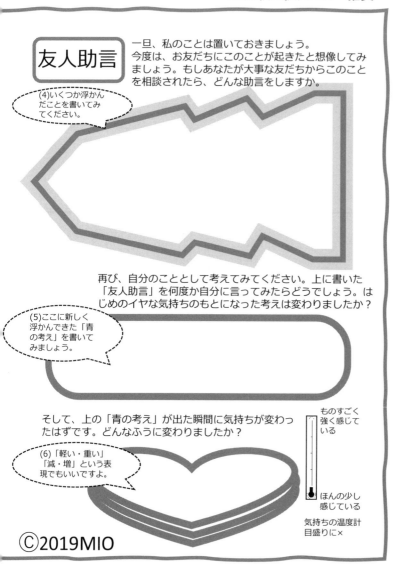

図表7–4：OKS（お悩み解決作戦）シート

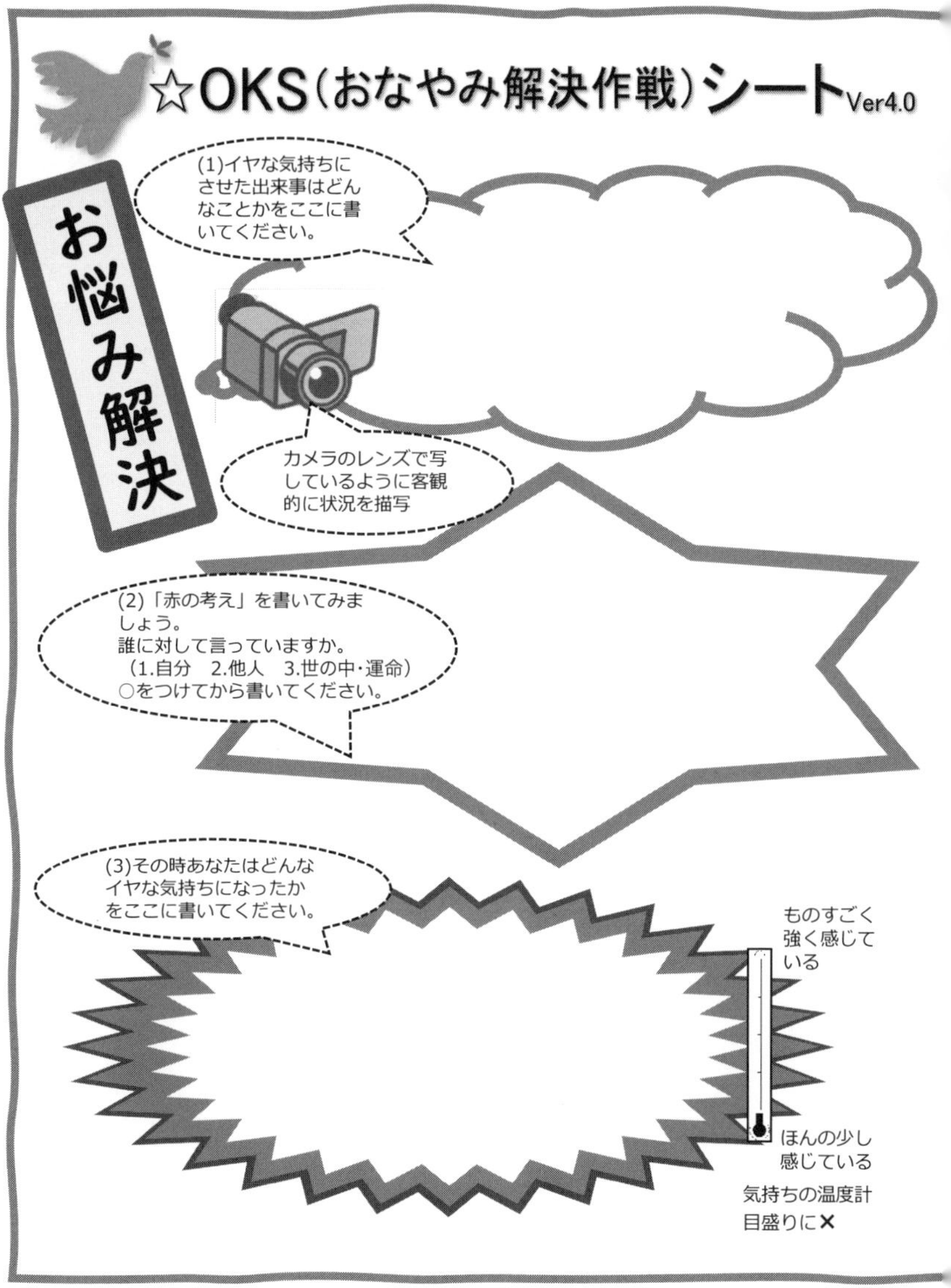

(6)「青の考え」に変わった瞬間の気持ちの変化

（回答例）

＊気持ちが楽になった

また、自分がその気持ちをどの程度感じているかを、「気持ちの温度計」に記入してください。今度は、ずいぶん気持ちが収まって低いところにチェックがつきそうですか。

5 最後に、半分に折っていた「ＯＫＳシート」を元どおりに開いてください。シートの左右にある「気持ちの温度計」を比べて、自分の力でどれだけ気持ちが変えられたのかを目で確認してみてください。それは、あなた自身の力で起こったのです。

〈振り返り〉

いかがでしたか。

サンプルストーリーは、いつも仲よく遊んでいた友だちから急に無視されたと考え、とても嫌な気持ちになった中学生の女の子の話です。

中学生という時期は心身の発達がとても急激な時期の一つであり、自分の外の世界が大きく広がり、一時期、自尊感情が低くなる時期といわれています。そんなときに起こりがちな友だち関係のトラブルは、皆さんにも覚えがあるのではないでしょうか。

「ＯＫＳシート」でこの主人公の女の子の心の動きを整理し、嫌な気持ちになったのは、友だちに嫌われたに違いないという思いこみがもとにあることに気がつくこと、そして、同じ悩みを持った友だちに対するアドバイスをたくさん考えて書き出すことで、新しい考え（青の考え）が浮かんできて嫌な気持ちから抜け出すことができるということを体験してもらえたなら大成功です。

第8章

解決方法への気づきを促すスキル

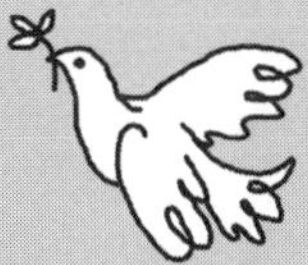

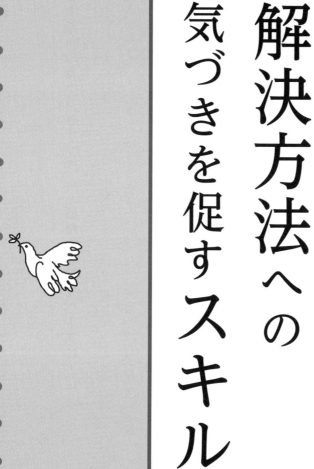

8-1 解決志向のカウンセリング（＝積極的傾聴をベースに）

私たちは、車にしてもパソコンにしても、中身のことを詳しく知らなくても便利に使っています。では、車が動かなくなったときにはどうするでしょうか。ほとんどの人は修理業者に連絡し、レッカーしてもらって修理工場に持ち込むのではないでしょうか。原因を探って自分で直すという人はほとんどいないでしょう。

また、パソコンの調子がおかしくなったときはどうでしょうか。こちらも、原因を自分で細かく調べるよりは、まず再起動してみる人が多いと思います。

実は、心理学の分野にも、この自動車やパソコンを直す方法と同じようなカウンセリングの手法があります。もちろん、問題といっても心の問題が対象ですが、その方法を「ＳＦＡ：Solution Focused Approach・解決志向アプローチ」といいます。

「ＳＦＡ」は、アメリカのＢＦＴＣ（Brief Family Therapy Center・短期家族療法センター）において、ド・シェイザー，Ｓ.（De Shazer, S.）、バーグ，Ｉ．Ｋ.（Berg, I. K.）らを中心に開発された、心理療法の技法の一つです。

これまでは、日常的な家族や友だちとの人間関係づくりではなく、カウンセラーがカウンセリングに使用するものとされてきました。それを本章では、学校や職場の人間関係改善の方法として応用していきます。

そして、「ＳＦＡ」の解決志向という哲学は、人間関係の形成だけではなく、一人ひとりが幸せに生きるヒントになるものだと思います。

そのような背景から、ここでは聴き手をカウンセラーと表記していますが、皆さんも、自分をカウンセラーの立場に置き換えて、読み進めてください。

さて、「ＳＦＡ」の特徴は、その名のとおり解決志向のカウンセリングであることです。

一つ例を出して説明しましょう。

過去に負った心の傷が原因で、過度に不安になりやすくて困っている相談者がいたとします。

ただ、カウンセリングを受ける時点での、相談者本人の困りごとは「不安になりやすい」ことで、その原因が「過去の心の傷」であることには気づいていないことも多いのです。

従来のカウンセリングでは、カウンセラーは、相談者の悩みや不安に耳を傾け、「過去の心の傷が原因である」ことを解釈し、相談者にそれと向き合わせることで、今の「不安になりやすい」ことが減っていくようにしていきます。

このように原因を究明し、問題解決を図っていく方法は、精神分析等の治療法では一般的なものです。

それに対して「ＳＦＡ」では、相談者の困りごとの原因である「過去の心の傷」には目を向けません。

原因発生の過去よりも、問題が解決した後の未来に相談者の意識を向けていくのです。

そして、「奇跡が起きて問題が解決したら、どのようなことで気づく（どのようなことを見て、認識することによって、問題が解決したと気づく）でしょうか」と、相談者に具体的なイメージをもってもらいながら、相談者自身に解決の糸口となる気づきを促し、「そのために今できることは何ですか」と投げかけ具体的で現実味のある行動につなげていきます。

相談者の抱えている問題の中には、原因を突き詰めていっても良い解決策が得られないこともあります。そのような場合に「SFA」は、全く異なるアプローチで相談者の問題解決を図っていくのです。

8-2 「SFA」で大事なポイント

「SFA」には、基本となる3つの中心哲学と呼ばれるものがあります。

「SFA」では、問題を解決するためのリソースは、相談者の中にあると考えるため、相談者自身がうまくやれているなら、それを無理に変えることはしないように進めていきます。

①うまくいっているのなら、治そうとするな

問題を抱えながらも、相談者が「こうしたらうまくいった」と思っているなら、カウンセラーは無理に状況を変えたりしないことです。

②うまくいっていることがわかったら、それをもっとせよ

むしろ、うまくいっている場合には、何がそうさせているかを明らかにし、それをもっと活用していくことを促します。

③うまくいかないなら、二度と繰り返すな。何か違うことをせよ

また反対に、やっていることがうまくいっていないなら、それとは別のやり方を一緒に探していくことです。

カウンセラーは、この３つを頭に置いて、相談者の話を傾聴します。

8-3 「ＳＦＡ」によるカウンセリングの手順

「ＳＦＡ」では、問題の解決策を見つけるのは相談者自身で、カウンセラーの仕事は、相談者が答えを見つけるための手助けをすることです。その考え方は、第3章で紹介した「傾聴」と同じです。ですから、「SFA」では、「傾聴」の技法を積極的に使っていきます。

ここでは、仕事に悩む新入社員の事例を使いながら、手順を紹介していきます。相談者の状況によって、カウンセリング内容はさまざまですから、このとおりにいかない場合もありますが、カウンセラーは相談者の話をよく聴き、解決の糸口に気づけるように促していきます。

〈カウンセリングの手順（事例）〉

相談者…入社3カ月目の新入社員。新入研修で先輩社員の指導を受けていますが、なかなか自分の力を発揮できずに落ち込んでいます。

① 相談者にカウンセリングで何を期待しているかを確認します

〔どんなことを話し合えれば、あなたの期待に添えるかと、相談者の期待を聴くことからスタートします〕

カウンセラー「ここでどんなことを話し合えればよいと思って来ましたか？」

相談者「研修中に何もかもダメで、落ち込んでいるんです。どうすれば？」

② 相談者の話を傾聴します

〔原因追求はせずに、相談者のこれまでの話を聴き落ち込んでいる気持ちに寄り添いながら、うまくやれたこと、少しはマシだったこと、できたことなどを根気よく聴き、相談者の気づきを促します〕

カウンセラー「そうですか。でも、あまり意識していなかったかもしれませんが、何かよかったこと、うまくできたこともあったのではないですか？」
相談者「いえ、何も思い浮かばないです」
カウンセラー「先輩の指導のもと研修を最後まで受けられているのですから、何かよかった、うまくできたと思ったことはあるのではないですか？」
相談者「そういえば、先輩に挨拶のときの笑顔をほめられたことがあります」
カウンセラー「よいですね。先輩はちゃんと見ていてくれたんですね。他には何かありませんか？」
相談者「一緒に営業に行った先でお客様に、ありがとうと言われたのはうれしかったです」
カウンセラー「そうですか。お客様とのコミュニケーションもとれていたのですね」

③「ミラクル・クエスチョン」

〔相談者にその問題が解決された後を想像するように質問し、それにより相談者の目標を具体化していきます。質問の答えが相談内容と直接結びつかなかったり、話の筋に一貫性がなかったりしても大丈夫です。その答えから相談者の具体的な行動につながるようなことを見つけられるように、さらに傾聴を続けます〕

カウンセラー「ちょっと変わった質問ですが、今晩、あなたが眠っている間に奇跡が起きて、あなたがこちらに来られた問題が全て解決したとします。でも、あなたは眠っているので、奇跡が起こったことを知りません。明日の朝目を覚ましたとき、どんな違いから、奇跡が起きて問題が解決したことに気づくでしょうか」
相談者「奇跡……ですか。イメージするのが難しいです」
カウンセラー「答えにくい質問でしたよね。では、あなたに奇跡が起きたとき、あなたの先輩がどのように変化していたら、奇跡が起きたと気づきますか？」
相談者「そうですね、朝のミーティングで、先輩から笑顔で『今日も頑張ってね』と優しく励まされたら、奇跡が起ったと思えます」

④「ウェル・フォームド・ゴール（適切に形成されたゴール）」

〔相談者に、問題が解決した状態を目標とし、そこに近づくにはどうすればよいか考えるように促します〕
カウンセラー「では、今おっしゃった先輩から笑顔で『頑張ってね』といわれるようにするには、どんなことをすればよいでしょう？」
相談者「同僚や先輩たちともっとコミュニケーションをとって、信頼関係を築くことだと思います」

⑤「スケーリング・クエスチョン」

〔具体的な目標を設定し、今の状態はどのくらい目標に近づいているか、その度合いを確認します〕
カウンセラー「では、同僚や先輩たちとの間に全く信頼関係ができていない状態を1とし、強い信頼関係を築けている状態を10とすると、今のあなたは、どのくらいだと思いますか？」
相談者「うーん。4くらいかな」
カウンセラー「その4というのは、どういうことを評価されたのですか？」

相談者「同僚たちからはちゃんと挨拶してもらえているので」
カウンセラー「では、今が4だとすると、それをもう1つ上げるには何が必要だと思いますか？」
相談者「先輩方に元気に挨拶をして、仕事の手伝いもこちらから積極的に声をかけるとか」

⑥ 相談者の話を整理します

〔解決の糸口をできるだけ増やせるよう「他にはありませんか？」と答えを促して整理していきます〕
カウンセラー「ここまでのお話でも、解決のアイデアはいろいろ出ましたが、他にはありませんか？」
相談者「あとは一人でできる仕事を増やしていきたいです」
カウンセラー「それは、先輩社員にとっても助かりますね。他には？」
※「ミラクル・クエスチョン」や「スケーリング・クエスチョン」の際にも、この質問を使い、多くの解決につながる変化を引き出していきます。

⑦ 最後のフィードバックをします

〔相談者をねぎらい、次回の面接までの課題を提案します〕
カウンセラー「お疲れさまでした。今回のカウンセリングでは、たくさんのアイデアが出ました。次回までに、何か一つ実践してみてはどうでしょうか？　その感想をまたお聴きしたいですね」
相談者「はい。とりあえず、先輩方への元気な挨拶は明日から始めます。なんだか会社に行くのが楽しみになってきました」
図表8－1のように事例で紹介した以外にも質問の仕方には種類があります。シチュエーションに合わ

図表8−1:「SFA」のカウンセリングで用いる8つの道具(質問)

ミラクル・クエスチョン	「今晩、あなたの眠っている間に奇跡が起きて・・・(全文は、カウンセリングの手順参照)」と、相談者に問題が解決した後を想像してもらう質問。
ヒドゥン・ミラクル	「問題が起こっても不思議じゃないときに起こらなかったり、軽くすんだりしたときはないでしょうか」など、相談者の生活の中に「例外」があることを明らかにする質問。
スケーリング・クエスチョン	「最悪の状態を1、最良の状態を10とすると、今はどのくらいですか?」など、解決の度合いを具体的に表現する方法を提供する質問。
コーピング・クエスチョン	相談者とカウンセラー双方が問題解決の糸口を見つけられないときに、「この大変な状況で、今までどうやって乗り切ってこられたのですか?」と、相談者に自分の工夫や努力を気づいてもらう質問。
どうやったんですか?	相談者から問題解決のヒントが語られたとき、相談者自身がそれに気づいていない場合には、もっと多くのことを語ってもらうためにこの質問を使う。
他には?	相談者から解決の糸口をできるだけ引き出すための質問。いろいろな場面で使うことができる。
関係性の質問	相談者自身が解決した後のイメージが出てこないとき、「信頼できる友人(身近な人)に尋ねたら、どんなところが違うと答えると思いますか?」と、身近な人の視点から考えてもらうときに使う質問。
コンプリメント(賞賛)	お世辞を言うのではなく、相談者から具体的に努力したことや解決の糸口になることが語られたときに、それに対して「素晴らしいですね!」と賞賛する。質問をした際によく使われる。

三島徳雄・久保田進也著『積極的傾聴を学ぶ—発見的体験学習法の実際—』(中央労働災害防止協会)p237-244をもとに著者作成

せて組み合わせ、相談者が解決の糸口を見つけるサポートをしましょう。

〈ワーク〉「SFA」を使ってカウンセリング体験をしてみよう

カウンセリング手順の事例を参考に、「SFA」によるカウンセリングを体験してみましょう。

①二人1組のペアを作り、一方がカウンセラー、一方が相談者になります。
②カウンセリングの手順(事例)を実際に読み上げて、カウンセリングを体験します。
③終わったら役割を入れ替えて、同じことをします。

〈振り返り〉

いかがでしたか。どんな気持ちが湧いてきましたか。

「SFA」は、カウンセリング手法の中でも特別な療法です。従来の精神分析などのように「できなかったこと」を振り返らず、ほんの1回でも「できたこと」を手掛かりに、相談者が未来に注意・関心を向けて切り拓いていくことをサポートします。

この考え方や姿勢は、私たちの日常生活にも役立つはずです。「できなかった」ことで自分を責めるのではなく、1回でも「できたこと・起こったこと」を手がかりに、それを押し拡げていくようにしてみてください。

第9章

コミュニケーションが求められる職場

9-1 コミュニケーションが求められる多種多様な職場

私たちの周りでは、さまざまな人間関係が築かれています。学校生活と違って、社会に出ると人間関係を自分では選べません。学生の間は気の合う相手とだけつき合うことができましたが、職場では、苦手な相手でも対応しなければいけません。本章では職場におけるコミュニケーションによって生じるストレスや怒りについて考えていきます。

どんな相手に対してもコミュニケーションは必要ですが、**コミュニケーション自体が職務の手段である職業**があります。それは、対人援助職と呼ばれる分野です。

看護師さんの立場を例にとって考えてみると、看護師さんとしてケアを提供する患者さんとの間に信頼関係を築くことはもちろんですが、患者さんの家族や地域との連携も必要になります。

もちろん、チーム医療が推進される職場では、スタッフ同士の人間関係も重要なものになっています。図表9-1のように、医師、看護師をはじめ、薬剤師、管理栄養士、理学療法士、検査技師、医療ソーシャルワーカー、公認心理師など、さまざまな専門職のスタッフが連携して患者さんにより適切な治療や支援を提供していきます。

こうしたさまざまな専門職と連携することを**「多職種連携」**といい、日本でもその必要性が浸透してきています。

図表9−1：チーム医療のイメージ

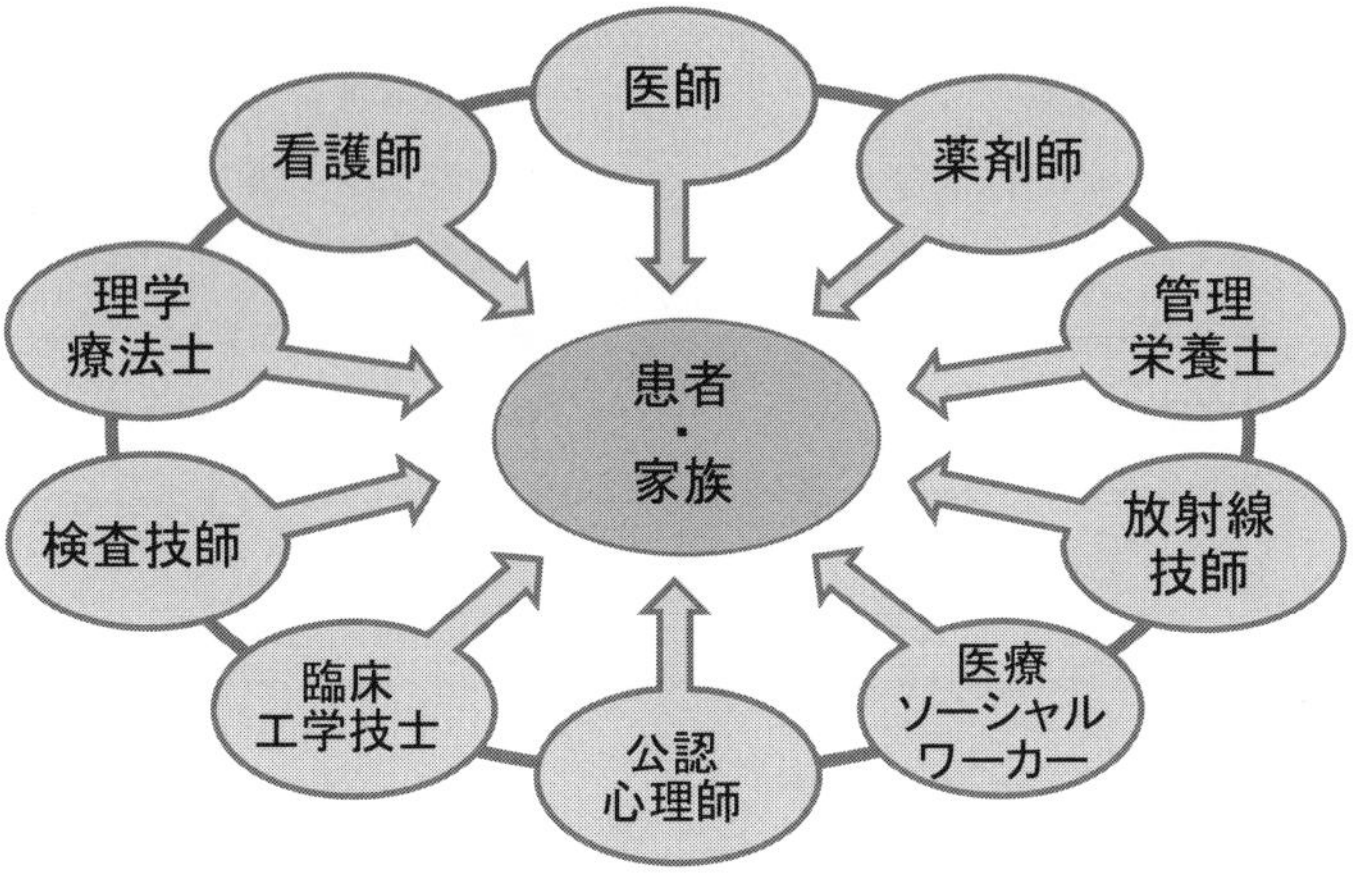

厚生労働省『チーム医療の推進に関する検討会報告書（2010）』をもとに著者作成

以前の医療現場は、医師を頂点とするピラミッド型の指揮系統で成り立っていましたが、チーム医療では、さまざまなスタッフがお互いの専門性を尊重し、連携しながら同じ目的に取り組んでいきます。

それだけに、医師、看護師をはじめそれぞれの医療スタッフが、業務を遂行していく上で、目的や情報を共有し、より効果的なコミュニケーションを取ることがインシデントや事故を防ぎパフォーマンスの高い治療をする上で重要になります。

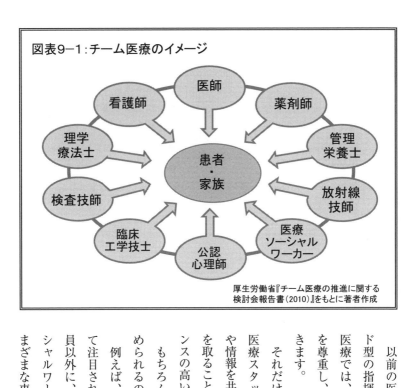

もちろん、多種多様なコミュニケーションが求められるのは、医療の分野だけに限りません。

例えば、新たな学校のマネジメントモデルとして注目されている「チーム学校」には、学校教職員以外に、スクールカウンセラー、スクールソーシャルワーカーをはじめ、図表9－2のようにさまざまな専門家や専門機関が参加し、連携を図り

図表9−2:チーム学校に携わる専門家・専門機関

●学校教職員	●児童精神科
●スクールカウンセラー	●特別支援学級
●スクールソーシャルワーカー	●適応指導教室
●児童相談所	●特別支援学校
●子ども家庭支援センター	●地域コミュニティ関係者
●警視庁少年センター	
●民生児童委員	など

ながら問題を抱えた児童・生徒により適切な教育や支援を提供していきます。

スムーズな連携体制を構築することで、コミュニケーションエラーによる事故を防ぎ、医療や介護、教育などの質を向上させていくことができます。

9-2 職場でのストレスマネジメント

第1章で紹介したように、人間関係は場合によって職場でのストレスの大きな要因になる可能性があります。

特に看護や福祉や教育のような人間を援助する仕事に従事している人には、周囲の期待に応えようとするあまり、過剰なストレスを抱えてしまうケースが多くみられます。

そこで、まず、ストレスとその対処法について考えていきましょう。

私たちは、日常的によく**「ストレス」**という言葉を何気なく使っていますが、学術的には二つの意味があります。

ボールを指で押すところをイメージしてみてください。

押したところがへこみ、丸いボールの形が歪みます。物理学では、このボールにできた歪みをもとに戻そうとする力のことを**「ストレス反応」**と呼び、ボールにかかる外部からの力を**「ストレッサー」**と呼んでいました。

それを医学の領域で最初に用いたのが、カナダの生理学者、セリエ，H．(Selye, H.) です。外部からの「ストレッサー」によって生じた「ストレス反応」を過剰なまま長期間そのままにしておくと、過労や疾病などが起きるとしています。

一般的にストレスと言った場合には、これらの片方あるいは両方の意味なので注意してください。これを表しているのが図表9－3です。

ただ、ここで思い違いをしてほしくないのは、**ストレスがあるのは必ずしも悪いことではないということです。**

図表9－4をみると、ストレスが少なすぎるとやる気が低下し、適度なストレスがあるほうが活力があり、生産性が向上することがわかります。

例えば、二人分の仕事を二人で任されればちょうどよい仕事量です（適度なストレス）が、二人で一人

図表9−3 :「一般適応症候群」の過程図（セリエ）

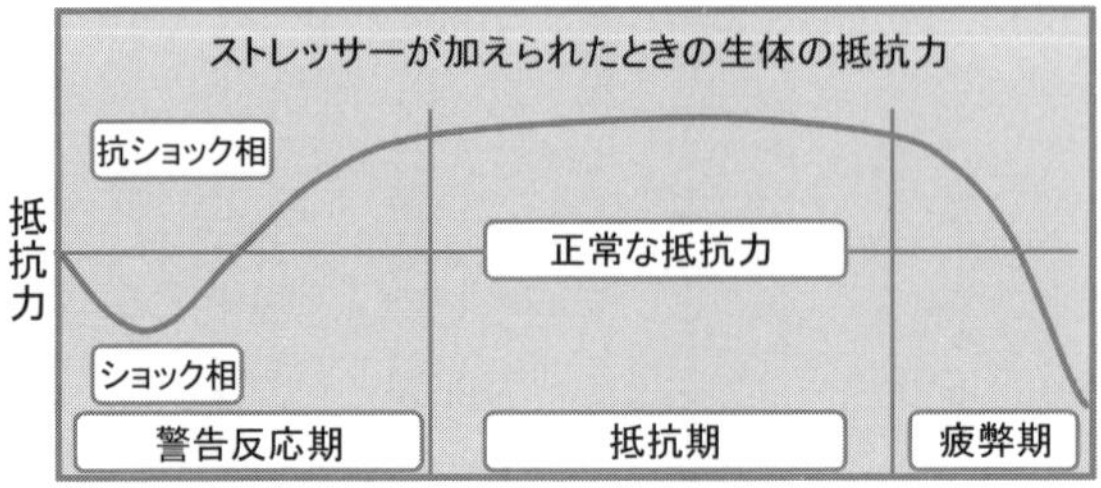

ハンス・セリエ『現代社会とストレス』（法政大学出版局）1988 をもとに著者作成

図表9−4：生産性とストレス

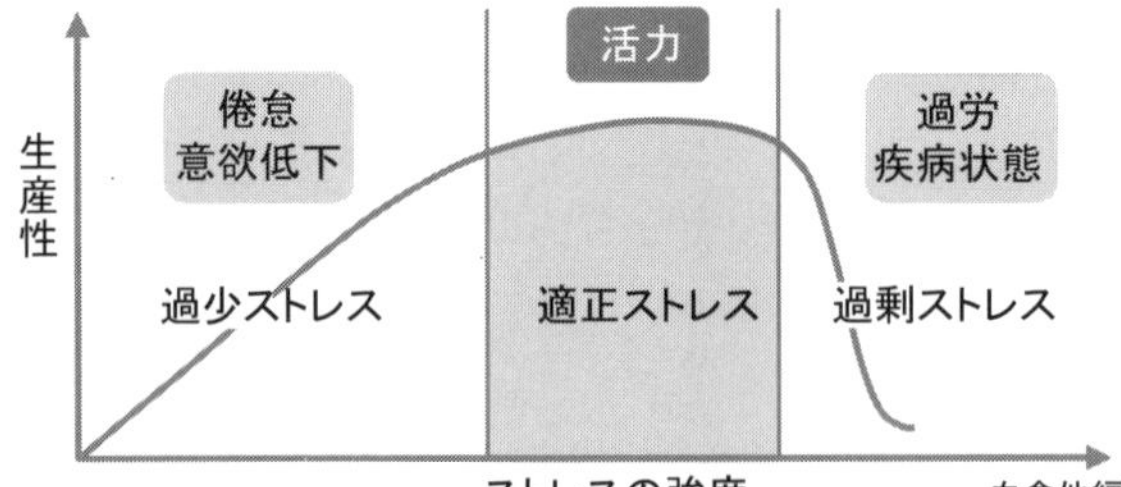

白倉他編、1999

図表9−5：NIOSHの職業性ストレスモデル

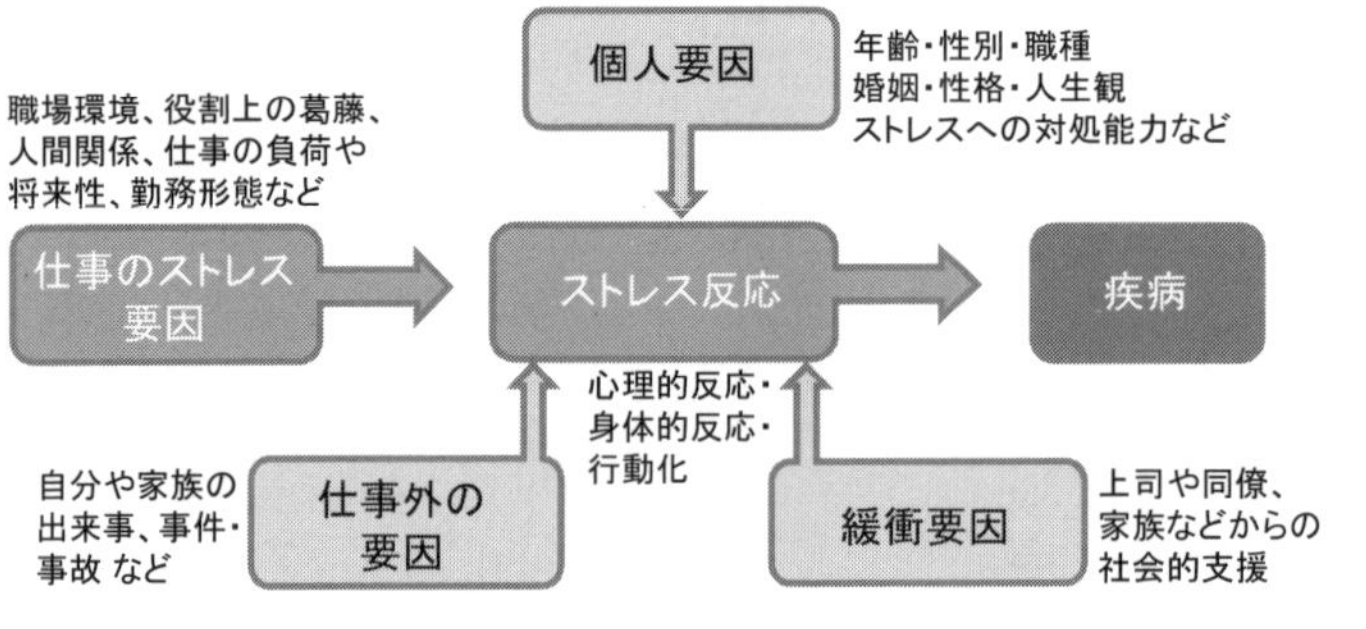

National Institute for Occupational Safety and Health（米国立労働安全衛生研究所）職業性ストレスモデルをもとに著者作成

分の仕事しか任せられない（過少ストレス）とやる気が低下します。さらに、二人で5人分の仕事を任されても（過剰ストレス）しばらくは頑張ることができますが、やがて過労・疾病状態になり、生産性が落ちていきます。

そして、図表9－3、9－4にあるような過労・疾病状態に至るプロセスをモデル化しているのが、図表9－5です。

そのため、自分をストレスから守るには、その時の自分にとっての適正なストレスを知っておくことが大切です。何か一定の基準で示すことができればよいのですが、ストレスの感じ方は人によってさまざまです。

例えば、同じ勉強をするのであっても、「こんなに勉強するなんて、大変、辛い」という人もいれば、「勉強は楽しい。ちっとも苦にならない」という人もいます。人によって「快」にも「不快」にもなりますから、図表9－5にあるような、私たちのストレス反応を起こすさまざまな要因の中でも、何がストレッサーになるのかは人それぞれです。

まず自分にとって何がストレッサーになっているか、そのストレッサーが自分にどのような反応を引き起こしたかをできるだけ客観的に理解することが**ストレスとうまくつき合う**上では重要です。

客観的評価を助けるツールとして、ホームズ，T．とレイ，R．（Holmes, T., &Rahe, R. 1967）の「ライフイベント法」とラザルス，R．S．（Lazarus, R. S. 1984）の「日常いらだちごと尺度」が用いられます。

図表9―6：ライフイベント法とストレス度
（勤労者のストレス得点 上位10項目）

順位	ストレッサー	全平均	順位	ストレッサー	全平均
1	配偶者の死	83	6	会社を変わる	64
2	会社の倒産	74	7	自分の病気や怪我	62
3	親族の死	73	8	多忙による心身の過労	62
4	離婚	72	9	300万円以上の借金	61
5	夫婦の別居	67	10	仕事上のミス	61

夏目 誠・村田弘「ライフイベント法とストレス度測定」『Bull.Inst.Public Health42(3):1993』をもとに著者作成

「ライフイベント法」は人生の重大な出来事のストレス度を数値化することを目的に作られ、結婚を50とし、43項目のイベントを0から100までの範囲で点数化したものです。日本の実情を考慮して夏目と村田（Natsume, M., & Murata, H.）が日本のライフイベントについての尺度を作成しています。

しかし、一般的な平均値が特定の個人に当てはまるのか、日常生活に関することなど項目に欠けている点が多いという指摘もあります。それに対し、「日常いらだちごと尺度」は、例えば、隣の家の騒音がうるさい、通勤時間が長い、経済的に余裕がないなど、日常的な煩わしさやいらだちを得点化したものです。

とは言えメモ

厚生労働省のメンタルヘルス・ポータルサイト『こころの耳』でストレスチェックはぜひ行ってほしいのですが、習慣化するまでには少し時間がかかります。そこで、より手軽にできるストレス軽減法も紹介しておきましょう。実は、普段の私たちの行動の中に個人のストレス対処能力を高めるものがあるのです。全てRがつくので、３つのRと覚えてください。

(1) Rest

仕事や作業の合間にコーヒーブレイクをとるなど、疲れ切ってしまう前の「少し疲れた」状態できちんと休養・睡眠をとり、心身をリセットしましょう。

(2) Recreation

趣味やスポーツなど、自分にとって楽しいこと、気晴らしになることなどもストレス解消法になります。旅に出て自然や人と触れ合ったり、温泉にゆったり浸かったりすると、精神的な緊張がほどけ、大きなリラックス効果が得られます。

(3) Relaxation

深い腹式呼吸で身体から心にアプローチし、心身をリラックスさせる方法に、「リラクセーション法」があります。これを行うと、精神を安定させる「セロトニン」と呼ばれる脳内神経伝達物質の分泌が促され、自律神経系の副交感神経が優位な状態になり、心拍数や血圧の低下、皮膚温の上昇といった変化が生じます。リラクセーション法には自律訓練法を始め、ストレッチで体をほぐす方法やアロマテラピィ、半身浴、ヨガ、マッサージなど、さまざまなものがあります。

9-3 職場のイライラした場面から起こる気まずい人間関係

チームで仕事をしていれば「どうしてそんなことをするの?」「なぜわかってくれないの?」とイライラする場面があるものです。とはいえ、いい人であろうとしたり、今後も続いていく人間関係を考えたりすれば相手に伝えることができないときもあり、結果、自然と不満が溜まっていくことになります。

例えば、「親切にしてあげたんだから、感謝するべきだ」とか、「上司の指示でやったんだから責任は上司が取るべきだ」など、「本来こうあるべきなのに」と考えて、理不尽な目に合わされたことに怒り、相手や職場に対して強く非難ばかりして適切な言動が取れていないなら、その時の考えを、「不合理な考え

（ＯＫＳの赤の考え）」と呼ぶんでしたね。

こうした、相手との関係が気まずくなり、いさかいが生じることを**「対人葛藤」**といいます。

その状況を解決するには、理想をいえば対話によってお互いの理解を深めていくことが一番なのですが、社会に出ると、立場上対話が難しいこともあります。

上司や先輩に対して、意見をするのはかなり勇気がいりますし、意見して人間関係に支障をきたすことも考えられます。そういう経験を重ねるうちに、自分の意見を言わないほうがよいと判断することもあるでしょう。

そんなときに無理をして「対話しなければならない」と考えることはありません。不満を抱えてモヤモヤとした気持ちは、友だちと飲みに出かけたり、スポーツで体を動かしたり、好きな音楽や映画を楽しんだりと、何か違うことで解消を図るのが先述した３つのＲです。

大切なのは、自分の気持ちを自分がちゃんと知っていて、それを相手に表現するか、または、今は表現しないでおこうと自己決定したというプロセスを経ることなのです。間違っても、「自分は、自分の意見さえいうことができない人間だ」というような自己否定発言をすることはやめましょう。

9-4 怒りは自分が作り出している

前述のように、物事が自分の思いどおりに進まないときなどにおこりやすい、自分や相手や世の中への「なんで（自分は）できないんだろう」「なんで（あの人は）わからないんだろう」「どうして（世の中は）そうなるのか」といったイライラ感や怒りの感情について、第6章に続いてもう少し詳しく説明します。

第3章でもお伝えしたように、もともと日本の文化では、周囲との協調を大切にし、「察し合う」というのがコミュニケーションのスタイルでした。

しかし、生活が西洋化するうちに個人主義的な文化が浸透し、自分の気持ちを表現し合うことが求められるようになっていきました。これまでの育った環境等の影響で自分の中に気持ちを抑え込んで自分でも見ないようにしていることはありませんか。

特に怒りの感情については、相手に伝えると関係が壊れるかもしれないという恐れから表明をせず、長い時間溜め込んでいるうちに増幅され、最後に大爆発を起こしてしまったような経験はないでしょうか。

しかし、なぜ怒りの感情が起こってくるかを考えてみたことがありますか。それを紐解いていくと、怒りにどう対処すればよいかのヒントが見つかる可能性があります。

怒りの感情では、「相手が自分を怒らせている」と思いがちですが、あくまでも感情は自分のものです

図表9−7：怒りの感情は自分が作り出している

ようやく作業が
終わったね〜
どれだけ私が苦労
したか…ちゃんと
分かってる!?
みんなで協力できて
よかったわぁ
同じことを言われても、怒る人も
いれば、そうでない人もいます。
©2020 Ātman Counseling Room

から、本当は「自分を怒らせているのは自分」なのです。

例えば、上司や友達から言われた一言がきっかけの出来事だったとしても、その結果としてどのような態度や行動をとるかは、自分の考えによって変わります。

上司や友達から同じことを言われても、怒る人もいれば、そうでない人もいるわけです。つまり、怒りが生じるのは、自分自身の内面からだということです。

もちろん、怒りの感情を抱いてはいけないということではありません。自分の怒りの感情も、そこに至るプロセスも、自分のものなのだと理解して認めることが大切なのです。

9-5 職場でのアンガーマネジメント

では、私たちは、どんなときに怒りを感じるのでしょうか?

主なシチュエーションとしては、次の2つが考えられます。

1つには、前述のように、「~してほしいのにしてもらえない」という、求めているものが満たされないときに怒りを感じます。

また、2つ目は、「私には無理」「これはできない」など、自分の能力では対応できない問題に直面したときに、「なぜ、こんなことをさせるのか」「無理を言うな」と怒りの感情が湧いてくることもあります。

感情の湧き起こり方はさまざまですが、自分がどんな状況に置かれたときに怒りやすいのかを意識してみておくことは、怒りの対処に役立ちます。

さらに、怒りの感情にはレベルがあります。前述の「OKSシート」の下にある「気持ちの温度計」で測ってみましょう。

①低い目盛り…「私は好きじゃない」「その考えには賛同できない」といった、小さな反発のような感情。

②中位いの目盛り…「なぜ邪魔をするのか」「わざと意地悪をしているんじゃないか」など、苛立ちを伴うような感情。

③高い目盛り…「よくも、こんなことをしてくれたな」「どうしてくれるんだ」といった、相手や世の中にぶつけたくなるような激しい感情。

①のような弱い怒りは、自分でも怒りと気づいていないかもしれません。ですが、一つひとつは小さな不満でも、それが溜まっていくと徐々に大きくなっていきます。可能な限り、「私はあまり好きじゃないな」「それは少し違うと思います」など、つぶやいて、自分の中に溜めないようにしたほうがよいでしょう。

②や③の怒りは、伝え方によって人間関係を損なう可能性もあります。頭の中に自動的に湧き起こった考えにまかせて相手や周囲の人に感情をぶつけるよりも、この「怒り」の感情はあくまでも自分の中から起こったものであることを思い出し，相手や周囲の人には、自分の怒りの解消に手を貸してもらうというスタンスで臨むことが大切です。第5章で紹介した「ＡＲＣモデル」のように、他者に感情をぶつければ他者からReaction（反応）が返ってくるだけのことが多いのです。そういういさかいが、あなたにとって本当にしたいことなのでしょうか。

とは言えメモ

ドラマのように殴り合って仲良くなるということもないわけではありません。殴りたい、殴り合いたいと思う気持ちを表出できる土俵を求めているときも稀にあります。でも現代ではそれは許されにくい解消方法になっています。そんなときは、「今、私は、あなたを殴りたいぐらいの気持ちです」と、言葉で相手に伝わるように表明してみましょう。

9-6 相手の怒りにどう対処するか

怒りの感情は伝染しやすいということも覚えておきたいポイントです。先ほどのReactionと同じことです。

「売り言葉に買い言葉」と言いますが、相手の怒りに自分の怒りで応えてしまうと、どんどん怒りは大きくなっていくばかりです。

そもそも、自分の怒りの感情は自分が作っているように、相手の怒りは相手が自ら作り出しているものなのです。

やみくもに言い合うのではなく、相手の怒りがどこからきているのかを知り、それを解消する方法を一

図表9―8：相手と一緒に怒りの解消法を考える

ひどいよ！
そっちこそひどいじゃない！
ひどいよ！
何か気に触ることをしたなら教えてくれる？

緒に考えていくスタンスを持つことがここでも重要です。

「私が何か気に触ることをしたなら、教えてください」「なんで怒っているの？　ただ怒っているだけじゃわからないわ」

と、静かに問いかけ、お互いに歩み寄れるところを探すことで、お互いの「怒り」を軽減することができます。

最近は「アンガーマネジメント」の研究が進み、いろいろなワークショップが行われています。興味のある人は参加してみると、自分や相手の怒りに対する理解や、対処方法を学ぶことができるでしょう。

コラム SNS時代のコミュニケーション

フェイスブックや携帯メッセージ、ライン、ツイッター、インスタグラム、ズーム、スカイプなど、情報化社会においては、多くの人がSNSを利用し、仲間とつながっています。

職場の連絡でも、メールやSNSが当たり前に使われる時代ですから、本章の最後に、SNSによるコミュニケーションについて考えてみましょう。

確かにインターネットを利用すれば、いつでも、どこでも、誰かと瞬時につながることができ、テキストを交換したり、顔を見て声を聞き話したりしてコミュニケーションを図ることができます。

しかし、一方では、SNS上での誹謗中傷やいじめなどのニュースも後を絶ちません。人を楽しませ、幸せにするはずのツールが、人を悲しませたり、苦しめたりするツールとなってしまうこともあるのです。もしもSNS上で誰かから攻撃されたとしたら、あなたはどうしますか。スマートフォンを手放すことができるでしょうか。

電車に乗ってふと顔を上げると、ほとんどの人がスマートフォンの画面を眺めています。どこでも誰かとつながれるのは便利だと思うのですが、そのスマートフォンの中に人間関係の全てが入っているわけではありません。たとえスマートフォンを手放したとしても、全ての人間関係がなくなってしまうわけではないのです。

誰もがわかっていることですが、そのことを忘れている瞬間が多いと感じます。

図表9—9：SNSで不穏な雰囲気を感じたときは？

For You!
LOVE
OK
絵文字や可愛いスタンプなどをどんどん押して、気になる一文を画面上から追い出してしまいましょう！

©2020 Ātman Counseling Room

自分が傷つけられてもスマートフォンが手放せない時は、アルコール依存や、ギャンブル依存、あるいは薬物依存のように、やめようと思ってもやめられない状態に陥っているようにみえます。

こうなると、自分だけで抜け出すことは難しく、他の依存症の治療と同じように、誰かの助けが必要です。

SNSで悩んでいる、嫌な思いをしているという人は、ぜひ一度スマートフォンを自分の信頼できる人に預かってもらい、しばらく離れることを試してほしいと思います。

また、昨今はSNS上でのいじめが、多くのメディアで取り上げられています。

複数の友だちとSNS上でグループを作り、その中で、なんとなく攻撃する側、される側のような空気になったとき、当事者以外の仲間は、傍観者としてそこ

に参加することになります。

不穏なやり取りを見つけたら、ぜひ傍観者の人に試してほしいことがあります。それは、絵文字や可愛いスタンプなどをどんどん押して、気になる一文を画面上に映らないようにすることです。

テキストで意見をすると角が立ちやすいのですが、可愛いスタンプがいっぱいなら、それだけで気持ちがほぐれます。攻撃的な文面も送る気がしなくなるのではないでしょうか。

これからの時代、ますますコミュニケーションは複雑化していくと思います。そんな中「私はＯＫである、あなたもＯＫである」という関係をどのように目指していくのかが、これからの世代の皆さんに考えていただきたいテーマです。

第10章

コミュニケーションストーリー

10-1 雑談力を育むストーリーを考える

誰かと話しているときに「次の言葉が出てこない。どうしよう」と、困った経験はないでしょうか。例えば、新しい職場の同僚を初めてランチに誘ったときに、「今日はだめ」と言われてその場で黙ってしまった経験はありませんか。

同僚として仲良くしたいと思いながら、「もう一度声をかけてしつこいと思われたくない」「また断られたら嫌だ」と相手と距離を置いてしまうと、ますます声をかけにくくなるものです。

言葉が切れてしまうと、そこで会話が終わってしまいます。

言葉を続ける代わりにため息をついたり、小声でブツブツつぶやくようなこともあるかもしれません。無意識の行動でも、これでは相手に良い印象を与えるつもりが、逆に不快な思いを抱かせてしまうことになります。

これまで本書の中で紹介したように、他者は自分の思いどおりには動かないものなのです。自分の期待どおりに会話が進まなくても、相手の気持ちを大切にしながら、自分の気持ちを伝える方法を考えていきましょう。

前述の職場の例のように「ノー」と言われたとき、次の展開を考えておくと会話が切れず、相手との関係も継続して、次の声がかけやすくなります。

相手の反応はあくまでも想定ですが、会話のシミュレーションとして役立つでしょう。

また、頭の中だけでストーリーを考えているよりも、視覚的に描き出してみる方が考えの整理がしやすくなります。

方法はとても簡単で、4コマ漫画のように4つのコマに、次にあげるそれぞれのテーマを当てはめていきます。本当の漫画ではありませんから、オチを作る必要はありません。

実際に、一つストーリーを紹介しましょう。

4つのコマにそれぞれの情景を描くように、シミュレーションしてみてください。

例えば、同僚をランチに誘いたいときなら、図表10‐1の4コマのように、1コマ目を「これから一緒にランチに行かない？」から始めてみます。

4コマのストーリーは、相手の反応によっていろいろ広がります。自分で思いついたストーリーを、4コマのテーマに沿って整理してみましょう。

・コマのテーマ

1コマ目　自分の思いを相手に伝える（相手が受け入れやすいように）

2コマ目　相手の反応（YES・NO）
3コマ目　相手の反応によって提案内容を変える
4コマ目　お互いの納得感を得る
会話はキャッチボールといいます。豪速球を投げる必要はなく、相手の受け取りやすいボールを投げます。
1コマ目で投げて、2コマ目で相手が受ける。相手の返事が「ノー（エラー）」で取りこぼしたら、3コマ目で次のボールをもう一度投げて、4コマ目で相手がナイスキャッチ！
そんなやり取りをイメージすると作りやすくなります。
もし4コマだけで、お互いが納得する結論に至らない場合には、4コマ目に残った課題を別のストーリーのテーマにおいて、新たな4コマを作りましょう。いろいろなストーリーでシミュレーションしておくことは、実際の場面で会話をするときの緊張を減らしてくれます。

図表10─1：4コマでコミュニケーションストーリーを考える

4コマストーリー：新しい職場の同僚をランチに誘う！

1コマ目のシチュエーションは同じですが、2コマ目の相手の反応によって、お互いが納得できる結果になるように、その後のストーリーを考えていきます。

10-2 困ったときの問題解決ストーリーを考える

第5章で紹介した「アサーション」では、困ったときや気持ちが混乱してどうすればいいかわからないときなどに、ある程度のストーリーを想定する方法として「DESC法」を提案しています。

「DESC法」とは、次の4つの単語の頭文字をとって名付けられたものです。

D（Describe）…自分の状況や相手の行動を客観的に描写する

E（Express,Explain,Empathize）…自分の気持ちを伝えたり、相手に共感する

S（Specify）…具体的で実現可能な提案をする

C（Choose）…提案に対して相手が肯定または否定することを考えておく

先ほどの4コマのストーリーが日常会話がプツンと切れないようにビジュアル化するものであるのに対し、「DESC法」は主に緊急時、困った場面の問題解決や事態収拾に使われます。

例えば、

D「私がコーヒーをこぼしてあなたの服にシミを作ってしまいました」

E「お洋服を汚して申し訳ありません。それに、せっかくのお茶のお時間を台無しにしてしまいました」

S「クリーニング代を負担させていただきたいと思いますが、それでよろしいでしょうか」

C 相手が「YES」の場合は、「お許しいただいてありがとうございます」

相手が「NO」の場合は、再び、DかEかSに戻って、相手が「YES」と言う気持ちが持てるまで会話を続けます。緊急時にパニックに陥り頭が真っ白になってしまったら、頭の中で「DESC」と唱え、それぞれの描写や提案をしていきましょう。

ちなみに、1人対大勢という状況で、気後れしてしまいそうなときにも、「DESC法」を利用すると、言いたいことを整理しやすくなります。

反対意見を持っていると思われる集団と出会ったときでも、意見を言った人に対して、自分が違う意見を持っているときは、その人一人に向かって話してください。逆に、自分が意見を言ったにもかかわらず、それに対して他の人の発言がないような場合は、またここに「DESC法」のDが出てくるわけです。

「私がこんなふうに言っているのに、誰からも意見が出てこないようだけれど（D）」「みんなは、なんて思っているの？　話していて不安だわ（E）」という気持ちが出てきます。そのときには、誰か一人に向かって「できれば意見を言ってくれませんか（S）」と聞いてみましょう。

相手が大勢でも、コミュニケーションの基本は変わりません。集団の中でも、自分がどういう状況に立っていて、どう感じているか、どうしてもらいたいのかということを表現していきます。

とは言えメモ

集団には、その存在自体にパワーがあるのも事実です。「ここで言うのは、無理！」と思ったら、アサーション権の「言わない権利」を思い出して、それを使って「言わない」ことを選択しましょう。間違えても「言えない自分はだめだ」というような、自分を否定する捉え方はしないようにしてください。自分を責めても自他ともに益することはありません。

10-3 我慢は禁物！

会話のコミュニケーションストーリーを考えるときに気をつけていただきたいのは、「こんなことを言ったら嫌われるかもしれない」「トラブルは起こしたくない」という気持ちから、「私が我慢すればいい」と、無難なストーリーにおさめてしまうことです。

「我慢」には、耐える、こらえるといった意味がありますが、実は、その中にも自尊感情（自己肯定感・自己効力感）が高まる我慢と低下する我慢があります。よく、人は「こんなことは言ってはいけない」と自分を抑え込み、嫌な心持ちになっていることを「我慢している」と思っています。それは自尊感情を低下させるものであることが多いのです。

イライラやモヤモヤなどの嫌な気持ちが溜まっていくと、はじめは攻撃的でない人でも、怒っているような表情や態度になったり、それをまた抑えようとして無表情になったり、太ったり、痩せたり。昔の人の言葉で、「もの言わぬは腹ふくるるわざなり（言いたいことを言わずにいると、お腹が張ってくるような感覚になる）」とはよくいったものです。

コミュニケーションストーリーを考えるときには、自分の気持ちを抑えるのではなく、その気持ちをどう伝えるかを考えてみてください。時には相手が不快に思ったり、怒ったりすることもあるかもしれませんが、その相手の気持ちを受け止めながら、さらに、お互いに納得できるところを探していきましょう。納得を得るまでの苦しい時間に耐えるパワーを、自分の中に育むためにも、相手から否定的な反応をもらったときの会話・対話の続け方を、前述の2種類のストーリー（4コマまたはＤＥＳＣ法）でシミュレーションしておくと役に立ちます。

10-4 その一言がチャンスにつながる

言いたいことを我慢することと同様に、会話がうまく進まないときに「どうせ言ってもわかってもらえない」「別に伝えなくてもいいか」と、伝えることをやめてしまうことがあります。

それを相手に言って状況が変わるように思えなくても、言わないより言ったほうがチャンスにつながることが多いのです。

例えば、職場の業務について、チーム全員が不便に感じていることがあったとします。改善策を思いつき、それを上司に提案しましたが、採用されることはありませんでした。

ですが、それから何カ月も経ってから、「この前の提案は採用できなかったけれど、今回の問題に力を貸してくれませんか？　あなたなら良いアイデアを出してもらえそうだ」と上司が言ってきました。あのときの提案が持ち前の発想力を評価される結果をもたらしたのです。

最初の提案を、「提案してもダメだろうな」と黙っていたら、その後の展開も期待できませんでした。こうした展開を期待していたわけではありませんが、言葉にして伝えていたからこそ、チャンスが得られたのです。

また、こんな例もあります。

自分の作業に追われているときに、同僚から作業を頼みたいと言われました。

自分も忙しいけれど、同僚の作業のほうが急ぎであるとわかったので、「いいよ。私も別にやらなきゃいけない作業があるけど、手伝うね」と、自分の状況を一言付け加え、同僚の作業を手伝いました。

そして、今度こそ自分の作業をしようと思ったとき、先輩から「こっちも手伝ってもらえる？」と声をかけられてしまったのです。

やるべき作業が残っていますが、先輩の頼みごとは断りにくく、返事に迷っていると、先ほど作業を手伝ってあげた同僚が、「私が先輩を手伝うよ。あなたは自分の作業があるんでしょ？」と、代わりを申し出てくれました。

これも、言わないよりも言ったほうがいいケースです。

自分も作業を抱えていることを同僚に伝えていたからこそ、同僚はすすんで先輩の仕事を手伝ってくれたのです。


自分の意見や気持ちを相手に押しつけるのではなく、自分の思っていることや置かれている状況を伝えることは、お互いの理解を深めていく妨げにはなりません。

その一言、その自己表現から、新たなストーリーが展開する可能性があるのです。

私たちの一生は、瞬間瞬間の自己表現から成り立っています。臆せず、たゆまず、自己表現を楽しんでください。

10-5 ストーリーを考えて、会話・対話のシミュレーションをしてみよう

職場でも学校でも、そのほかの環境であっても、目指したいのは第5章で紹介したように、「私もＯＫ、あなたもＯＫ」な関係です。

相手の気持ちを大切にすることを念頭に、自分の気持ちもきちんと表現するコミュニケーションストー

リーを考えてみましょう。
楽しい話題だけでなく、相手に伝えにくいこと、相手に何かをお願いするなど、さまざまなテーマで考えてみてください。

〈ワーク〉10－1で紹介した4コマを使ってストーリーを作ってみよう

① 紙を用意し、4つのコマを作ります。

② シチュエーションを決めます。

例1：新しく勤めた職場の同僚・先輩を食事（ランチや夕食）に誘う
例2：新しく勤めた職場の同僚・先輩に自分の失敗を詫びる
例3：新しく勤めた職場の同僚・先輩に作業を依頼する
例4：新しく勤めた職場の同僚・先輩がした作業の失敗を知らせる
例5：新しく勤めた職場の同僚・先輩からの頼まれごとを断る
など、自分の環境にあったシチュエーションを考えてください。

③ それぞれのコマに、次のテーマを割り当てて、ストーリーを考えていきます。

1コマ目　自分の思いを相手に伝える（相手が受け入れやすいように）
2コマ目　相手の反応（YES・NO）
3コマ目　相手の反応によって提案内容を変える

4コマ目　お互いの納得感を得る

一つのシチュエーションに一つのストーリーということではありません。さまざまな相手の反応を想定して、4コマを作成してください。

〈振り返り〉

作り終えたら、そのストーリーを俯瞰して見直してみてください。現実の人間関係を意識しすぎて「自分が我慢すればいい」という結果になってはいないでしょうか。

ストーリーを作るときには、相手だけではなく自分の納得感も得られる、ハッピーエンドを目指していきます。それが新たなチャンスに結びついていくはずです。

第11章

相手に「伝える」技術

11-1 人は自分の行動を正当化しようとする

さて、いよいよ本書の最終章です。

ここまで良い人間関係の構築について、いろいろな理論やスキルを紹介してきましたが、最後はもうワンステップ進めた理論や技術、知恵を取り上げていきます。

良い人間関係を築く上で、時には「相手の気持ちを動かす」働きかけが必要なことがあります。そこで重要になるのが、相手に「伝える」技術です。

この技術の一つひとつが、社会で生きていくための強さにつながります。

まずは、人がどのように考え、行動するかについて触れておきたいと思います。人がどのような心理で動くかを知っていると、何かを伝えたり、促したりするときに役立ちます。

人というのはとても面白いもので、時々、言っていることと、やっていることが違うことがあります。漫才のように、「なんでやねん！」とツッコミたくなるような場面、思い当たるものはないでしょうか。

例えば、「健康のために運動したほうがよいね」と口では言いながら、自分は運動に消極的で何もしない。こんな人もたくさんいます。

もし人が物事を合理的に考えて行動する生き物なら、「健康によいのだから、運動しよう！」と、積極的に身体を動かすはずですが、必ずそうなるとは限りません。そういうとき人は「運動したほうがよいけれど、動きやすいウエアを持ってないし、今日はできないな」などと理由を探し、運動しないことに自分で納得しようとするものです。**頭ではわかっていてもその通りに動かないのです。**

心理学者のフェスティンガー，L．（Festinger, L.）は、こうした心の動きについて、**「人間は必ずしも合理的な行動をとる動物ではなく、合理化する動物である」**という**「認知的不協和理論」**を提唱しました。

この理論によると、人は自分の中に矛盾が生まれたときにそれを解消しようとし、次のような4つのルートで、自分の態度（考え）と行動に一貫性を持たせようとします。

前述の「健康のために運動したほうがよいね」という例で説明すると、

①「よし、今から散歩に行くぞ」と、決心する　→　行動を変える
②「健康のためなら、別に運動じゃなくてよいかな」と、別の視点から考える　→　認知を変える
③「運動しなくても健康な人はいる」と、違う情報を持ってきて納得する　→　新たな認知を加える
④「運動の記事は後で読もう」と、運動が健康によいという情報を避ける　→　情報を選ぶ

皆さんは、どうでしょうか。

このように、態度（運動したほうがよい）と行動（実際は運動しない）という矛盾を解消しようとするとき、人は、行動に合わせて態度を変え、行動を正当化しようとします。①〜④の中で、①だけは自分の

図表11−1：認知的不協和理論

態度
健康のために運動しなきゃ
健康のために運動しよう！
健康第一
よし、今から散歩に行くぞ！
健康のためなら別に運動でなくてもいいか…
運動しなくても、健康な人はいるぞ！
運動の記事はあとにしよう
行動を変える
認知を変える
新たな認知を加える
情報を選ぶ
©2020 Ātman Counseling Room

態度どおりの行動をしています。一方、②〜④については、行動を伴わずに行動を正当化しようとしているといえます。

　そして、行動を実行するハードルが高いときほど、しないことを正当化する態度に出やすくなります。カウンセリングで有名な質問に「それ、できないの？　しないの？」と選ばせるものがあります。相談者は「こういう理由で、それはできない」と言いますが、実際は、「それをしないこと」を選択している」が事実です。

11-2 得より損をしたくない気持ち

人が、合理的でない行動（行動を正当化する）を選ぶ要因として、よく紹介される心理的傾向に「損失回避性」があります。「損失回避性」は、心理学者のカーネマン，D.（Kahneman, D.）とエイモス，T.（Amos, T.）の発表した「プロスペクト理論」を構成する要素の一つで、人は「得」することより「損」することのほうを強く感じる傾向があるということです。

つまり、どうしても「損」はしたくないのです。

このような思いから、たとえ不利益な現状であっても、そこにとどまろうとする心理現象に「**サンクコスト効果**」と呼ばれるものがあります。

経済学でよく使われる言葉ですが、「サンク」は埋没、沈没するという意味で、「サンクコスト」は、すでに費やして取り戻すことのできないコスト（お金、時間、労力など）のことをいいます。

カーネマンは、ある映画のチケットをなくしてしまった場合に、改めて買い直してでもその映画をみたいかどうかという事例で、「サンクコスト」を説明しています。

映画1回の料金に変わりはないのに、チケットを買い直す場合には、その映画に2回分の料金を支払うかどうかと考えてしまいがちです。

これは、なくしてしまったチケットの「サンクコスト」が、その人の判断に影響しているからです。

同じように、クローゼットの中に「高いお金を払ったのだから捨てるのはもったいない」と着ない服をずっととってあったり、バイキング料理で「もとを取らなくては」と、食べ過ぎて苦しい思いをしたりするのも「サンクコスト」といえます。

私たちは、自分では合理的に行動しているつもりでも、損失を強く嫌う傾向に影響されていることがあります。

このような心理が働くことを知っていると、自分自身の行動を見直すきっかけになりますし、周りの人の行動を理解するのにも役立ちます。

11-3 相手をその気にさせる説得的コミュニケーション1

前述のように、人は、自分の行動に合わせて態度を変えることがありますが、同様に、周囲からの働きかけで態度を変えることもあります。

社会的に、相手に生活習慣を改めてもらいたいという場面はよくありますから、納得してもらうためにどう説得すればよいかは大変重要なところです。

このような、意図的に相手の態度を変えることを狙った方法を、**「説得的コミュニケーション」**といいます。

社会心理学者のチャルディーニ，R. B.（Cialdini, R. B.）は、人を説得し、その人の態度や行動を変える反応を、「返報性」「コミットメントと一貫性」「社会的証明」「希少性」「権威」「好意」の6つの原則に分類しています。

普段の私たちの生活の中で、よく使われているものもありますが、それらには、裏づけになる理論があるのです。

① 返報性（Reciprocation）

人から親切にされると、それに報いて返したくなる気持ちになるというものです。例えば、デパートの食料品売り場で試食すると、なんとなく買わないと申し訳ない気持ちになるというのもその一つです。

また、返報性は、相手の譲歩を引き出すときの説得方法としても使えます。**「ドア・イン・ザ・フェイス（顔の前でドアを閉めさせる）」**と呼ばれるもので、最初は相手が断るような大きな要請をし、相手が断って気まずく思っているところにこちらからの譲歩案として小さな要求をします。

例えば、「明日から、毎日1時間ジョギングをしましょう」と提案し、相手の「いきなりは無理だ」という反応が返ってきた後で、「朝10分間、散歩をしませんか？」と譲歩した提案をすると、相手も受け入れやすくなるということです。

② コミットメントと一貫性（Consistency And Commitment）

人は人前で「私はこうします」と口にしたり、文字にしたりすると、それを守ってやり遂げようという気持ちが強くなるものです。自分の約束を守ろうと一貫した姿勢をとるというのが、この原則の示すところです。

この原則を利用した説得方法に、**「段階的要請法」**や**「ロー・ボール・テクニック」**があります。「段階的要請法」は、文字どおり最初に小さな提案をし、徐々に大きな要請をする方法です。最初のハードルは低く、徐々に上げていくということです。

例えば、洋品店で、最初は「どうぞ、見ていってください」と店員に促されて入店し、「よければ試着してみませんか？」と勧められ、結局、買ってしまったというように、少しずつ承諾を繰り返しているうちに大きな承諾をしてしまう。これも「一貫性」を保ちたいという気持ちが働いているからです。

一方の「ロー・ボール・テクニック」は、コミットメントをもらった後に条件のハードルを上げるものです。

例えば、「明日、早朝ミーティングをするから集まって」と誘うより、「明日、ミーティングに出席してね」と頼み、「はい」と返事をもらってから、「みんなが集まれる時間ということで、朝7時に集合」と伝えるほうが、参加する人数は多くなります。

「最初から早朝とわかっていたら断ったのに」という人も「はい」とコミットメントしてしまったことへの「一貫性」を保つために参加するのだと考えられます。

③ 社会的証明（Social Proof）

「みんながやっているから」と同じ行動を取ろうとするのが「社会的証明」の原則です。

よく見受けられるのは、大行列の飲食店を見ると「行列ができるほどなのだから、きっと美味しいお店に違いない」と自分もその行列に並ぶといった行動です。

このほか、「みんなが使っている」と聞くと「みんなが使っているなら、良いものだろう」と考えたり、さらに、「利用者100万人超」「5週連続で第1位」など数字を見ると、さらに具体的なイメージを抱きやすくなります。

公共のトイレの張り紙に「トイレを汚さないように」ではなく、「皆様、いつもトイレをきれいに使ってくださってありがとうございます」と書くところが増えているのも、社会的証明の原則を活用した説得的コミュニケーションといえます。

④ 希少性（Scarcity）

人は、限られたものであるほど高い価値を感じ、欲しくなるものです。

「地域限定販売」や「会員だけの特典付き」「今だけ」「あなただけ」のように限定感や特別感を持たせた言葉は、説得的コミュニケーションに役立ちます。

⑤ 権威（Authority）

弁護士や医師、教授といった肩書きを持つ人や、有名企業や有名人などの知名度が高い人など、「権威」を持つ人の意見を人は信頼しやすい傾向があります。

「弁護士さんが、それは違法だと言っています」「お医者様から運動を勧められたでしょ?」のように、相手にとっての権威とは誰かをきちんと把握できると、相手を説得しやすくなります。

⑥ 好意（Liking）

自分が好意を持っている人、親密な人の意見には、同意したくなるものです。

例えば、お気に入りの店員さんに勧められて、つい買い過ぎてしまったというのも、「好意」による説得法です。

チャルディーニは、人が誰かに好意を抱くポイントとして「自分と似たところがある」「自分をほめてくれる」「協力して同じゴールを目指したことがある」などを挙げています。

コラム　相手の行動を促す会話・対話テクニック

・ほめ言葉には人を動かすパワーがある

いくつになっても、どんな人でも、他の人からほめられると嬉しくなります。

図表11−2：チャルディーニの6つの原則

何かを依頼したいとき、「すごくセンスがいいから」とか「とても頼りになるから」といった、相手の良いところをちゃんとほめる言葉を使うことで、相手も気持ちよく動いてくれます。

例えば、職場の後輩に作業を頼みたいときに、ただ「この作業をやってくれる?」と頼むより、「あなたはとても手際がいいから、すごく頼りになるわ」「どうしてもあなたのパソコンのスキルが必要なの」などのほめ言葉をプラスしたほうが、後輩は気持ちよく手伝ってくれるでしょう。

・相手が「したくない・困る」ことを提示する

例えば、公園に来ると必ず犬のリードを離してしまう飼い主さんがいたとします。その人に「危ないから犬のリードを離さないで」と伝えるのと、「植え込みに入って怪我をしたワンちゃんがいるそうですよ」と伝えるのでは、どちらの説得力が勝っているでしょうか。後者の伝え方のほうが、「自分の犬に怪我をさせたら大変」という思いから、飼い主さんはリードを離さなくなるでしょう。

相手にとってのデメリットを提示し、それを回避するように促すのも、一つのテクニックです。

・「ねぇ」の一言でその場の空気をまとめる

「みんなもそう思うでしょ? ねぇ~」「さっき、そうおっしゃいましたよねぇ~」のように、私たちは発言のあと、周囲の人の顔を見ながら、「ねぇ」と言葉をかけて「同調」を促すことがあります。促された人は無意識のうちに「同調」して、状況がまとまることが多いのです。

11-4 相手をその気にさせる説得的コミュニケーション2

チャルディーニの6つの原則に続き、ここからは、相手に行動を変えてもらいたいと考えたときにどのようにそれを伝えていくかを、看護や介護、栄養教育などの現場でよく使われている理論で説明していきます。

社会心理学者のアズゼン，I.（Ajzen, I.）が提唱する、「計画的行動理論（**The Theory Of Planned Behavior**）」では、人が行動しようとするとき、その行動を起こす要因として、「なぜ行動するのか」という意図がとても重要であるとしています。そして、その意図には、次の3つの要因が相互に影響を与え合っていると説明しています。

①行動への態度（ある行動への自分の判断）
②主観的規範（ある行動への家族や親友など、重要な他者からの期待。それに自分が応えたい）
③コントロール感（自分に行動できそうか）

例えば、「運動をしたほうがよい」という場合にも
本人が、「運動したほうがよい」とわかっている　→　①行動への態度
家族も、「運動したほうがよい、するべき」と言っている　→　②主観的規範

図11−3：計画的行動理論

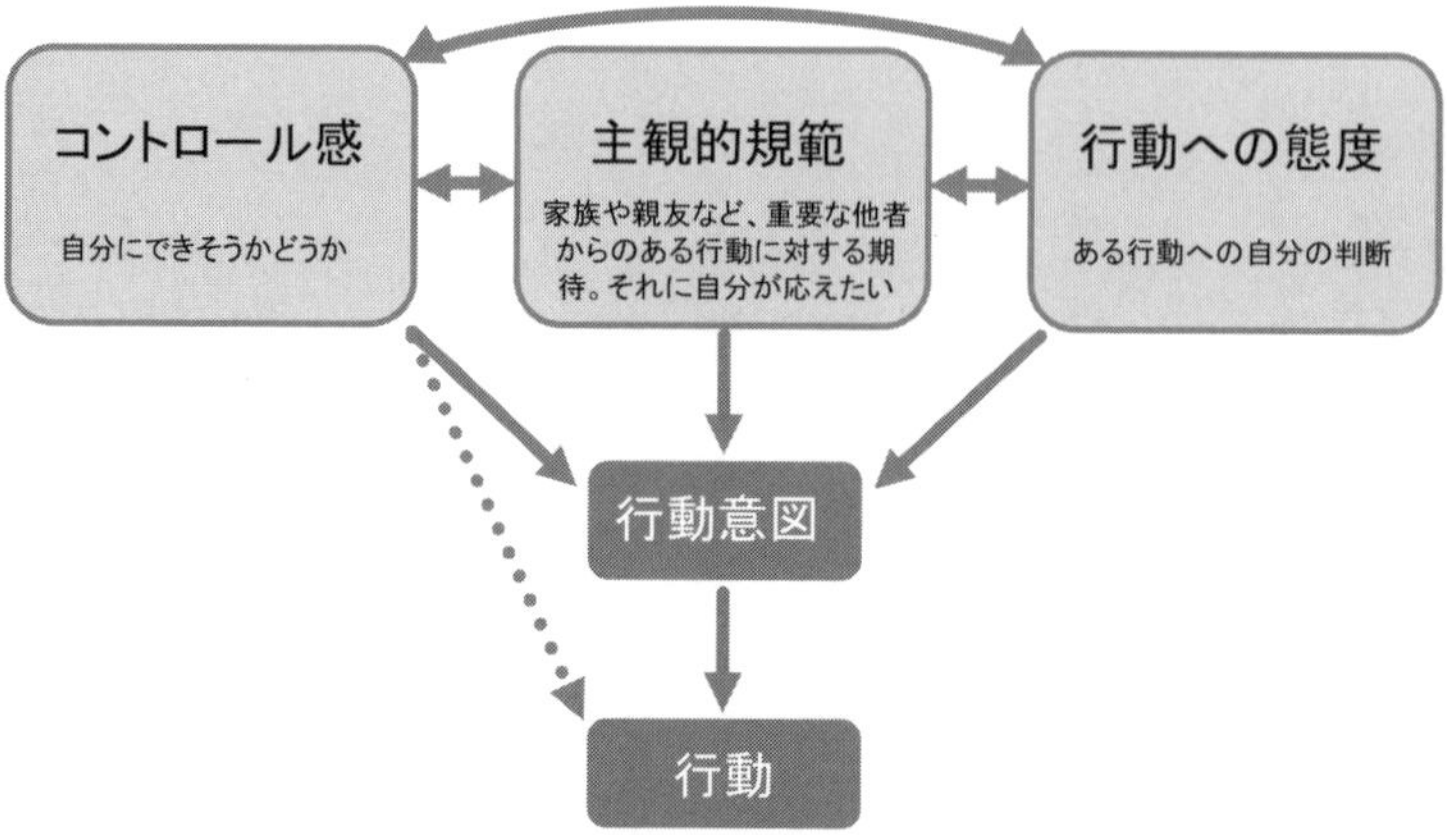
コントロール感
自分にできそうかどうか
主観的規範
家族や親友など、重要な他者からのある行動に対する期待。それに自分が応えたい
行動への態度
ある行動への自分の判断
行動意図
行動

小倉千尋・今城周造「中年期女性における『心理専門家への援助要請』を規定する要因についての検討一計画的行動理論の観点から一」『昭和女子大学生活心理研究所紀要,2011,Vol.13,33-42』をもとに著者作成

本人が、「自分も運動できるぞ」と感じている　↑　③コントロール感

という3つの要因が揃うことで、本人も「よし、運動するぞ」という行動への準備が整っていきます。

相手に行動意図を自覚させ、行動を促すときには、この3つの要因をどう高めるかを考えて説得を試みるとよいでしょう。

11-5 援助を求めるときの説得的コミュニケーション

仕事中、誰かの助けを求めたいことは、誰にでもあるものです。

周囲の人に助けを求めることを**「援助要請」**というのですが、「困った」「助けてほしい」という気持ちがあっても「援助要請」しないという人もいます。

「誰かに助けを求めると、自分に解決能力がないと思われてしまうかも。力がないと思われたくない」や「断られたら、どうしよう」という不安や怖れから助けを求めない人、前述の「返報性」のルールのように、「誰かに助けてもらったら、自分もお返ししなくちゃいけない」という考えが負担となって助けを求めない人、さらには、「助けてもらうことが思い浮かばない」という人もいます。

こんな事例を見てみましょう。まだ見習い中の看護師さんが、医師の回診に同行しているときに、患者さんから頼まれごとをしました。近くに先輩がいましたが、まだ言葉を交わしたことがなく、声をかけることをためらってしまいました。

結局、医師との回診を済ませてから患者さんの頼まれごとをしようとしたのですが、「遅いからもういらない」と患者さんは怒っていました。

本人はどちらも一生懸命に応えようとしたものの、業務を円滑に進めていくためには、やはりこのとき近くにいた先輩に、「こちらの患者さんが、水が欲しいとおっしゃっていますが、私は医師と一緒に回診に行かなくてはなりません。まだふらついていてご自分で歩くのが危ない患者さんなので、先輩、お願い

図表11−4：傍観者効果

私だけが助けたら
変に思われるかも
…
誰も助けないの？
私がお節介って
こと？
いっぱい人がいるから
誰か助けるよね

©2020 Ātman Counseling Room

できますか」などと、「援助要請」をする必要があったのです。

医療看護や介護の現場のように、人の生命を預かるようなところでは、「援助要請」は重要なコミュニケーションです。ためらわずに助けを求めることが大切です。

ちなみに、学校や職場のような慣れ親しんだ場所ではなく、駅のホームで具合が悪くなった、あるいは、具合が悪くなった人を見つけたときの**群集に対する「援助要請」**のポイントも紹介しておきましょう。

今から半世紀以上前にアメリカ・ニューヨークで起きた悲しい事件があります。1964年3月13日の深夜、若い女性が帰宅途中に暴漢に襲われ、殺害されました。彼女は35分もの間、大きな声で助けを求めて逃げており、その様子を付近に住む38人が目撃していたのですが、誰一人彼女に救いの手を差し伸べず、しかも誰も警察に通報していませんでした。当時のマスコミ各社は、「これほどたくさんの目撃者がいたのに、なぜ助けなかったのか」と大きく取り上げたそうですが、心理学者のラタネ，B．W．（Latané, B. W.）とダーリー，J．M．（Darley, J. M.）は、マスコミとは反対に「多くの人が目撃していたからこそ助けなかった」と解釈しました。

そして、緻密な実験によって「複数の傍観者がいるほど援助行動が抑制される」という知見を証明し、これを**「傍観者効果」**と呼びました。

「傍観者効果」の中には、次の3つがあります。

① 「自分が助けに行くと、周りから変に思われるのではないか」（他者から見られていることの効果）
② 「誰も助けないのは、そんなに具合が悪くないからじゃないか？」（他者を見ていることの効果）
③ 不特定多数の人が周りにいると、「誰かが助けるだろう」と考え、助けない。（責任の分散）

緊急性の高い場合に、「誰か助けて！」と「援助要請」をしても、周囲に「傍観者効果」が働き、なかなか助けてもらえない可能性があります。

このような場合は、「そこのスーツの方、救急車を呼んでください」と、誰か一人を選び、具体的に呼びかけるようにしてください。

依頼された人は、その責任を果たすために動いてくれますし、誰か一人が動くと、周りの人も手伝いやすくなります。いざというときに知っていると役に立つ方法です。

11-6 一人で集団を相手にする説得的コミュニケーション

人は集団の中にいると、自分以外の他の人たちの意見に従うことがあります。

例えば、5人で映画を観に行こうという話になったとき、あなたは観たい洋画があるのですが、他の4人は、今話題の邦画を観たいと言い出しました。

このあと、あなたは洋画を観たいという意見は言わずに、5人で邦画を観に行く、というのはよくある結末ではないでしょうか。この行動を「同調」といいます。

では、少数派の人が集団に影響を与えられないのかというと、そうではありません。

心理学者のモスコヴィッチ，S.（Moscovici, S.）らの研究では、集団の中の少数派の主張が、その他の人の思考に影響を与える可能性があるとしています。

そして、少数者が影響を与えるためには、

① 確固たる態度で、自分の主張を貫くこと
② 主張する内容が論理的で、利害関係がないこと
③ 少数者の社会的属性が他の人と類似していること

などが挙げられます。

例えば、次のような場面が考えられます。

地域の人たち（↑社会的属性が同じ）が利用する公園で最近ゴミが目立つようになりました。あなたは、みんなで掃除をすることを思いつき、町内会の集会で掃除を提案したのですが、最初は誰も興味を示しませんでした。しかし、その後も集会のたびに「当番制にすれば各自の負担も少ない」「公園がきれいになれば、お子さんのいる人が安心して遊ばせることができる」など、掃除の理由（↑主張が論理的・利害関係がない）を繰り返し説明（↑主張を貫く）していると、一人二人と興味を持つ人がでてきて、最終的に町内会の活動に公園の掃除が組み込まれることになりました。

これは地域の例ですが、学校や職場の集団の中でも、何かを変えたいと思うことはあるものです。

そのとき、最初は自分一人で思っているだけ、あるいは数人が同調してくれるだけかもしれませんが、前述の①~③を念頭に働きかけていくと、あなたの意見が徐々に周囲に影響を及ぼし、何らかの変化を生じさせる可能性はあります。

たとえ少数派であったとしても、その思いを伝え、集団を変えていく説得的コミュニケーションはできるのです。

〈ワーク〉映画『12人の怒れる男』で集団の中の心の動きを考えてみよう

1957年にアメリカで作られた映画『12人の怒れる男』をご存じでしょうか。殺人で起訴された18歳の少年を審議する12人の陪審員のお話ですが、最初は12人のうち11人が有罪を主張し、一人は無罪を主張します。裁判の評決は12人全員一致が必要であるため、11人はたった一人を説得しようとしますが、途中、少年の殺人の証拠が覆るなどの出来事があり、徐々に陪審員たちの考え方にも変化が現れてきます。

少年に下される判決は有罪なのか、無罪なのか。物語の行方を追いかけながら、12人の陪審員たちの考えがどのように変わっていくのかを観察していきましょう。

まさに、本章の「少数の意見が集団に影響を与える過程」を考えるにぴったりの映画だと思います。

①映画を観賞する前に、最初から無罪を主張する主人公以外の男性11人のうち、誰に注目するかを決めておきます。それぞれ注目する対象者が別々に割り当てられるとよいですが、他の人と被っていても構いません。
②映画を観賞します。
③自分が注目した対象者について、最初から最後まで、どのように気持ちが変化していったかを書き出し、発表します。

④なぜ、そのように気持ちが変化していったのか、その理由をみんなで考えてみましょう。

11-7 未知なる解決策を創造する「建設的な対話」を目指して

『12人の怒れる男』はあくまでも映画ですが、私たちの社会が人と人が影響し合って成り立っていることを実感できたのではないでしょうか。

私たちは、日常生活の中でいろいろな話をします。人が人と話をすることを「会話」といいますが、「会話」という言葉には、日常の当たり障りのない表面的なやりとりを指して使われている印象があります。ただ、日々の繰り返しの中で積み重ねられていく良い人間関係を築くためには、欠かせないものであることは間違いありません。

一方の「対話」という言葉は、お互いに理解し合おうとする姿勢で向き合うときに使われます。その中でもお互いの気持ちを伝えあって、真の意味で相手との間に人間的なつながりができたと感じられることがあります。

そのようにお互いが「話してよかった」「話を聞かせてもらってよかった」と思い、話す前には思いもつかなかった未知なる解決策にたどり着けるような「対話」を「建設的な対話」といいます。

第10章までは、相手を大切にしながら自己表現することの基本となる会話・対話の理論やスキル・技術を紹介してきました。そして、この第11章では、社会に出たときに不可欠な説得的コミュニケーションによる会話・対話を取り上げました。そのため、「ディベート」に似た圧に押されるような感覚を覚えた人もいたかもしれません。

しかし、本著全体を通してみてください。目標はあなた自身のよい人間関係を手に入れることです。相互理解に努め、「自分もＯＫ、あなたもＯＫ」という基本的構えを共同で導き出すコミュニケーションを目指して下さい。

本書では、学校や職場、あるいは家庭など、さまざまな場面において良い人間関係を手に入れるための12のステップ（付録章の1ステップを含め）を紹介してきました。

読み始めたときと今とでは、あなたの気持ちにも何か変化があったのではないでしょうか。

学校や職場、あるいは家庭での人間関係が、それまでよりも爽やかに、楽しいものに変わっていれば、とても嬉しいです。

これからも、本書で紹介したコミュニケーションスキルを活かし、幸せな瞬間を積み重ねていってください。循環的因果律でもお話ししたように、ほんの小さな一歩が巡り巡ってどんな素晴らしい運命をあなたにもたらすか想像できるでしょうか。

知れば知るほど人間関係はおもしろいもの。〝ぼっち〟がいいと思っても、結局はみんなと生きていくのがこの世なら、そこで楽しまない手はないでしょう。

コラム どうしてもコミュニケーションがうまくいかないと思う時 ～「発達障害」と呼ばれる特性の話とＳＤＧｓ～

コロナ禍の影響がクローズアップされがちですが、コミュニケーションの基本は変わりません。それなのに、どうしてもうまく人間関係が築けない、そんなふうに感じてしまうことがあると思います。

個々の人間は、年齢や性別、人種、生まれ持った特性、育ってきた環境、住んでいる地域など多様な属性を持っています。そのような中で世の中には定型的な特性とは異なるユニークな特性を持って生まれてきている人が少なからずいます。ものへのこだわりがとても強いとか、複数のことに同時に気を配るのが苦手だとか、人が自分に何を期待しているのかわからないとか、予定が変更されるととても戸惑ってパニックになってしまうといった特性とか、いろいろ理解しにくい特性を持った人たちがいます。

そういう人たちは、育ってきた環境の中で、他の人たちと同じ対応ができないというだけで、訳も分からず怒られたり嫌われたり仲間外れにされたりする経験をすることが多いのです。そうすると、当然世の中で生きていくのが辛くなっていきます。最近よく耳にするようになった「発達障害」と呼ばれる特性を持った人たちはそんな状況に置かれることが多いのです。自尊感情（自己肯定感）が良好に保てなくなるのです。

そしてその割合は最近の文部科学省の調査（２０２２）では８％を超えるとも報道されています。それに診断はつかないもののその傾向を持っているグレーな人ははるかに多く存在します。そして、その割合は、年々増えてきています。決して、珍しい存在ではなくなってきました。自分は発達障害であるとカミングアウトする有名人たちもおり、映画などでも発達障害を扱ったものがたくさん出てきています。

そんな中、２０１５年９月25日に国連総会で持続可能な開発目標として17の国際目標「ＳＤＧｓ」が採択されました。そこに「誰一人取り残さない」という原則があります。この本では、一般的な定型的な発達特性を持った人を対象にして話を進めていますが、基本的にはこの本に書かれている12のステップは、こうした非定型的な特性を持っている人たちも含めすべての人に当てはまります。誰一人取り残しません。

ですから自分が「発達障害」なのではないかと悩んでいる人も、家族や友達から、ちょっと変わっている、ひょっとしたら「発達障害」なのではと言われている人でもコミュニケーションのステップは変わりません。ただ特性に合わせて工夫が必要なだけです。

例えば、日本の文化でもある暗黙の了解ですが、「察する」ことを前提にしています。それができないと、「空気読めない、ＫＹ」とか言われている時代もありました。それなら「察するコミュニケーション」は避けて、お互いできるだけ言葉にしていく工夫を施してみましょう。それも、口で伝えるだけではなく紙にも書いて渡すとか、たくさんのことを一度に伝えるのではなく一つ一つ伝えるとか、挙げていくとどれも簡単なことですが、それなりの手間はかかります。しかし、重要なのはそれを行うことで発達障害と言われる人ばかりではなく「誰にとっても」わかりやすく、間違い・勘違い・誤解が減るということです。ひと手間加えるだけで、それを受け取った相手の方は、尊重してもらえた気がします。特性がどうであれ、誰でも丁寧に応じてもらえれば気持ちがいいですよね。

ユニバーサルデザインという言葉がありますが、バリアフリーとどう違うのでしょうか。身体障害者の方を念頭に置いてよく使われるバリアフリーという言葉は、身体障害者にとって社会に存在する障害（バリア）を無くすという意味で使われています。ですからバリアがあることが前提として使われているのです。しかし、ユニバーサルデザインはこれより進んでいて、先ほどのＳＤＧｓにあるように「誰一人取り残さない」という目標をはじめからもって、物にしても、仕組みにしてもデザインすることです。このコミュニケーションのモノサシの内容は、ユニバーサルデザインです。どんな人も取り残さないコミュニケーションが実現できると信じています。ここで、その工夫の一つ一つを述べていくことはできませんので別の機会にまとめてみたいと考えています。是非、皆さんもこうすればうまくいくかもというヒントをみつけて、実践してみてください。アートマンカウンセリングルームのＨＰでは、それらを掲載し世界に発信していきたいと思っています。文章やＳＮＳが苦手な人は、一語でも一句でも一文でも大丈夫ですから、お寄せいただければ世界にシェアするお手伝いをします。

それがコミュニケーションに困ったときに見に来てもらえるヒントのプラットフォームになる日が来ることを強く願っています。

一人一人が集まって世界とチームになれますように。

付録

今すぐ始められる「魔法の言葉」

当たり前のように使っているようで、使い切れていない言葉があります。

どれも皆さんが日常的に使われている言葉ですが、使い方をよく知れば、もっと良い人間関係を築くことができるはずです。

① 挨拶は会話・対話の始まり

「おはようございます」「こんにちは」「こんばんは」といった挨拶をきちんとできているでしょうか。

親しい間柄の人に対して挨拶をしていないのではないでしょうか。

挨拶はコミュニケーションの始まりです。

明るく、元気に挨拶をすれば、相手に良い印象を与えるだけではなく、それが相手に良い影響を与えて、その場の空気も明るくすることができます。誰もが使えて簡単にできるものですから、もっと大事にしてはどうでしょうか。

・明るくはっきり、にこやかに。
・「相手から挨拶されたら～」ではなく、自分から先に。
・「～しながら」ではなく、立ち止まり相手のほうを向いて。
・挨拶の後に、「暑いですね」や「素敵なバッグですね」など、何か次の言葉をプラスして。

②「さようなら」の前後の一言

気持ちよく別れるために、「さようなら」の前後にもう一言あるとよいでしょう。立ち去らねばいけないときには、お互いに「失礼しますけど、またお会いしましょう」「さようなら。ここで会えてお話しできてよかった」と、言葉をかけ合えれば、温かな気持ちをもって別れることができます。

③「ごめんなさい」は日本の風土が生み出した知恵

自分に非があっても「ごめんなさい」は、なかなか言いづらいものです。素直に謝ることができる人は、自尊感情の高い人です。自分に自信のある人は、謝っても自分自身の評価を自ら下げることがないからです。

「ごめんなさい」は、困った状況をリセットするきっかけになる言葉です。失敗を次の成功の糧に変えていくために、臆せず使えるようになっていただきたいものです。

日本の文化では、こちらに非がなくても「場の雰囲気を悪くしちゃってごめんなさい」のように、「ごめんなさい」や「すみません」を周囲の人を立てたコミュニケーションの言葉としてやり取りすることがよくあります。

あなたの周りに「ごめんなさい」を上手に使いこなしている人はいないでしょうか。周囲の会話を注意深く聞いてみてください。勝ち負けにこだわらず、相手を立てたほうがスムーズにいく場面もあります。第5章の「アサーティブ」な態度からは少し外れてしまいますが、これは日本の風土が生み出した人づきあいの知恵です。

④「ありがとう」は魔法の言葉

「ありがとう」と感謝を伝えられるのは、嬉しいものです。この言葉で、嫌な気持ちになる人はほとんどいないでしょう。

「ありがとう」は、相手を幸せにする魔法の言葉です。

この言葉を使うと、言われた相手は自己効力感と自尊感情が高まります。

特に、家事をこなしているお母さんや家族を養うために働いているお父さん、またはそれに代わる家族に「ありがとう」を伝えていますか?

当たり前と思って暮らしている中に、「ありがとう」を伝える場面はたくさんあるはずです。

日頃から目に見える好意、目に見えない心配りに対しても「ありがとう」と、気がついたらすぐに言えるように努めていると、人からいただいている目に見えない配慮が見えてくるようになります。

最後になりますが、挨拶も謝意も、日本文化の「おかげさま」の精神を体現するものだと思います。そうすることで、人は周囲の人たちとの関わりの中で存在するものと考えられている日本では、相手からもらっている好意だけではなく、世の中に溢れている目に見えない心配りや善意が見えてきます。だから挨拶や謝意を伝えることで一番幸せになれるのは自分なのです。

【参考文献】

Ajezen, I. (2011). The theory of planned behavior as a predictor of growth in risky college drinking. Journal of Studies on Alcohol and Drugs, 72 (2), 322–332.

Alberti, R. E., & Emmons, M. L. (1970). Your perfect right. San Luis Obispo, Calif.: Impact.

Asch, S. E., & Guetzkow, H. (1951). Effects of group pressure upon the modification and distortion of judgments. Documents of gestalt psychology, 222–236.

Berne, E. (1958). Transactional analysis: A new and effective method of group therapy. American Journal of Psychotherapy, 12 (4), 735–743.

Cialdini, R. (1984). The psychology of persuasion.

Cooley, C. H. (1902). Looking-glass self. The production of reality: Essays and readings on social interaction, 6.

Darley, J. M., & Latane, B. (1968). BYSTANDER INTERVENTION IN EMERGENCIES: DIFFUSION OF RESPONSIBILITY 3. Journal of Personality and Social Psychology (Vol.8).

De Shazer, S., Berg, I. K., Lipchik, E. V. E., Nunnally, E., Molnar, A., Gingerich, W., & Weiner-Davis, M. (1986). Brief therapy: Focused solution development. Family process, 25 (2), 207–221.

Ellis, A., & Harper, R. A.（1961）. A guide to rational living.

遠藤辰雄［ほか］編『セルフ・エスティームの心理学：自己価値の探求』ナカニシヤ出版，１９９２年

Erikson, E. H.（1950）. Childhood and society（[1st]. ed.）.

Festinger, L.（1957）. A theory of cognitive dissonance.

長谷川浩編『人間関係論第２版（系統看護学講座：別巻14）』医学書院，２００４年

平木典子著『図解自分の気持ちをきちんと〈伝える〉技術：人間関係がラクになる自己カウンセリングのすすめ』ＰＨＰ研究所，２００７年

Holmes, T. H., & Rahe, R. H.（1967）. The Social Readjustment Rating Scale. Journal of Psychosomatic Research, 11 (2), 213-218.

Itard, J.-M. G.（1962）. The wild boy of Aveyron. Appleton-Century-Crofts.

James, W.（1890）. The principles of psychology（Vol. 1, No. 2）. London: Macmillan.

Kahneman, D., & Tversky, A.（1979）. Prospect Theory: An Analysis of Decision under Risk. Econometrica（Vol. 47）.

Kelly, C.（1970）. Assertion Training: A Facilitator's Guide. La Jolla（San Diego）.

国谷誠朗，東京家族療法研究会著『チーム医療，逐語録による国谷セミナー講義録第１部（ラバーテ理論による家族療法入門）』１９９６年

L'ABATE, L. U. C. I. A. N. O. (1983). Styles in Intimate Relationships: The A-R-C Model. The Personnel and Guidance Journal, 61 (5), 277-283.

Lazarus, R. S., & Folkman, S. (1984). Stress, appraisal, and coping. Springer publishing company.

Luft, J., & Ingham, H. (1961). The johari window. Human relations training news, 5 (1), 6-7.

Markus, H. R., & Kitayama, S. (1991). Culture and the self: Implications for cognition, emotion, and motivation. Psychological review, 98 (2), 224.

Mehrabian, A. (1971). Nonverbal communication. In Nebraska symposium on motivation. University of Nebraska Press.

三島徳雄，久保田進也著『積極的傾聴を学ぶ：発見的体験学習法の実際』中央労働災害防止協会Ｉ，２００３年

小倉千尋，今城周造，Chihiro, O., & Shuzo, I.「中年期女性における「心理専門家への援助要請」を規定する要因についての検討―計画的行動理論の観点から」『昭和女子大学生活心理研究所紀要』13，33－42：，２０１１年

Porter JR, E. H. (1943). The Development and Evaluation of a Measure of Counseling Interview Procedures' Part I2 the Development. Educational and Psychological Measurement, 3 (1), 105-125.

Rogers, C. R. (1957). The necessary and sufficient conditions of therapeutic personality change. Journal of consulting psychology, 21 (2), 95.

Rosenberg, M. (1965). Rosenberg self-esteem scale (SES). Society and the adolescent self-image.

Rosenthal, R., & Jacobson, L. (1968). Pygmalion in the classroom. The urban review, 3 (1), 16–20.

ハンス・セリエ（著）杉靖三郎ほか（訳）『現代社会とストレス』法政大学出版局，１９８８年

清水栄司監修『認知行動療法のすべてがわかる本』講談社，２０１０年

Tesser, A. (1988). Toward a self-evaluation maintenance model of social behavior. In Advances in experimental social psychology (Vol.21, pp.181–227). Academic Press.

Thorndike, E. L. (1920). A constant error in psychological ratings. Journal of applied psychology, 4 (1), 25–29.

あとがき

私は、二十年ほど前から学校で心理学・コミュニケーション論を教えています。学生さんたちともよくおしゃべりをしますが、時折、彼らのラインやインスタグラムでのやりとりの相談を受け、それを見るとドキッとすることがあります。

仲の良い友だちとコミュニケーションをとるのは良いことですが、「あなたが〇〇してくれないと、私は死んじゃうから」とか、「あなたって意外と〇〇だよね」とか、その言葉は、そのときに頭に浮かんだそのままのセリフかもしれませんが、相手を悩ませたり、傷つけたり、あるいは自分が傷ついてしまうような言葉を多用している姿に触れると、自傷他害の恐れやその人の将来に悪い影響を及ぼすのではないかと心配になってきます。

本書でも書きましたが、本当に、それがあなたの伝えたいことなのでしょうか。

強い言葉の裏側にあるのは、「私を見捨てないで」「私とずっと仲良くしてほしい」「私のことを誰よりもわかってほしい」という自分の弱い部分なのです。ただ、その弱いところを正直に伝えて相手に拒まれることが怖くて、脅しや攻撃まがいの内容を送ってしまうようです。

みんながみんな、あなたの弱さを受け取ってくれるとは限りません。

でも、みんなと仲良くなる必要はなく、自分の弱さや悲しさを受け取ってくれるスペシャルな相手を見つけてつき合うことで、あなたは自分らしく生きる道を歩み始めることができるのです。

そして、新たな道を選ぶのは、それほど難しいことではありません。本書にあげたような、ちょっとしたコツを、今の自分ができるところからやってみるだけです。

私の教えている学生さんたちだけでなく、これから社会に出ていこうとしている皆さんや、すでに働いている皆さんが、より良い人間関係を手に入れて、自分の人生に奇跡を起こすことを願っています。


私に出版の機会を与えてくれた、編集の佐藤文彦さん、奥山睦さん、私の拙い原稿を読んで書き方を導いてくださった浅井千春さん、倉阪智子さん、立山広幸さん、奥井智一朗さん、村上尚美さん、イラスト制作にご協力いただいた近藤こうじさん、そして、アートマンカウンセリングルームをいつも一緒に支えてくださっている松嵜くみ子さんと秋口久之さん、いつも私の挑戦に愛のある活を入れてくれる三尾咲耶、授業やカウンセリングを通して私に多大なインプレッションを与えてくださっている皆さんに感謝を捧げます。

そして、何よりもこの本を手に取り、読んでくださったあなたへ。

心からのお礼を申し上げます。ありがとうございました。

2020年2月3日
三尾　眞由美

改訂に寄せて　コロナ禍が生んだ状況

この本の初版を上梓した直後に全世界は新型コロナウィルスの脅威と闘うことになりました。なるべく不要不急の外出は避ける、人と距離をとる、マスクをするといった感染予防対策の一つ一つが人とのコミュニケーションにとって、マイナスの要因になります。初めての緊急事態宣言では極力8割程度の接触機会の低減を目指す方針が出されました。最初の章に書きましたように人は他者との関係の中で生きていて一人では生きられないのです。いろいろあるのが人生ですが、人と楽しく過ごすときも多いのではないでしょうか。そして、何よりも、人は人間関係をとおして発達・成長・変容していくものですから、その機会を奪われているともいえる状況が続いているわけです。そのような中、人々はコミュニケーションの機会を大切にしたいと切実に願うようになってきたと感じています。緊急事態宣言の時に感染拡大予防のために学校が休業となり中学生になってもずっと学校に行けなかった中学一年生が、6月に学校が再開された時に「中学校は楽しいですか」というアンケートに対してほぼ全員が「楽しい」と喜びにあふれた回答をくれるということがありました。中には「極楽浄土」と表現した生徒もいたくらいです。それだけみんなに会えて嬉しかったのですね。

リモートワークや遠隔授業など新しい働き方や学び方が一気に加速、定着しＺｏｏｍのような新しいコミュニケーション手段も一般化してきました。そうしたことによってコミュニケーションの基本がすべて変わってしまったのでしょうか。そうではありません。もちろん生活の中でたくさんのことが変わってしまいましたが、変わったものと変わらないものが、当然あります。それを見分ける英知が必要です。本著コミュニケーションのモノサシの内容は長期に亘って支持されてきた研究を基にしていますので、変わらないものに入ることになるでしょう。コミュニケーションの機会それ自体は、減らさざるを得ない今、一つ一つのコミュニケーションを大切にし、爽やかな人間関係を築けるようにこの本の内容を役立てていただければとても嬉しいです。

私たちは新しいコミュニケーション手段を手に入れたばかりなので新たな課題も感じ始めています。自分の外側の課題としては、ＩＴスキルについていけない時にどうするかとか、フェイクニュースという言葉に代表される不確かな情報や陰謀論といった大衆の意思をコントロールしようと企む偽情報などをどう適切に処理していくか、私たちに突きつけられた新たな課題であると言えます。

自分の内側の課題としては、直接お会いするときと比べると、実感の少なさ、物足りなさを感じます。画面越しの相手とどう親密な人間関係を築いていくか、まだマナーも確立していません。近い将来、身近になると思われるメタバースでは没入感は増すかもしれませんが加工された相手のアバターから表情をうかがい知ることは難しくなると考えられます。

直接お会いしている時に得られていたものの質が変わるだけでなく、量の少なさ、当然起こるひずみのある中でコミュニケーションをどのように確立していくか、コミュニケーションの基本のステップをもう一度おさらいしてみましょう。本著を手に取っていただいた皆様と一緒に爽やかな人間関係をもっと経験しwell-beingを増やしていくことができれば、どんなにか嬉しいことでしょう。読んでいただいて、心からお礼申し上げます。

改訂版発刊に当たり、アートマンカウンセリングの秋口久之様、同友館の佐藤文彦様にお世話になりました。また、初版からのこの三年間、私のそばに来て影響を与え続けてくれた人達のお陰で本書は進化しました。

発達特性の強い私とお付き合いいただいた皆様のお陰で、爽やかな人間関係を見つけそのエッセンスを改訂版として著作することができました。これからもどうぞよろしくお願いいたします。そして、この本が、皆様のお役に立つ機会がありますように。

2023年2月3日

三尾　眞由美

【著者紹介】

三尾　眞由美（みお まゆみ）

小児発達学博士（メンタルヘルス支援領域）
心理臨床家、臨床心理学研究者
アートマンカウンセリングルーム主宰
公認心理師　臨床心理士　シニア産業カウンセラー

㈳日本産業カウンセラー協会でカウンセリング臨床を学び、その後同協会の実技指導者・理論講師を10年以上務める。また、大田区初のスクールカウンセラーとして登用されたことをきっかけに、聖徳大学大学院にて児童学（学校・教育・家族臨床）修士課程へ。同大学附属相談所にて心理面接と臨床心理士コース実技指導者として10年以上務める。そして、スクールカウンセラーとして25年超（現任）の知識と経験を生かし、児童・生徒と教員のための「誰でもできる心理予防教育OKSプログラム」を開発。その完成を目指して大阪大学大学院連合小児発達学研究科博士課程へ。普及のための活動にも注力している。現在、千葉大学大学院医学研究院認知行動生理学教室。傍ら、アートマンカウンセリングルーム（久が原・高輪）を開き、30年超にわたり心の苦悩をかかえた人を支援。その他、後進の育成のため専門学校、大学、企業にて講師・カウンセラーなど、活動範囲は多岐にわたる。

https://atmancounseling.com

2023年4月15日　第1刷発行

新版　コミュニケーションのモノサシ
―良い人間関係を手に入れる12ステップ

©著　者　三尾眞由美
発行者　脇坂　康弘

〒113-0033 東京都文京区本郷 3-38-1
発行所　株式会社 同友館
TEL.03(3813)3966
FAX.03(3818)2774
URL　http://www.doyukan.co.jp/

乱丁・落丁はお取り替え致します。
三美印刷／松村製本所

ISBN 978-4-496-05647-5
Printed in Japan